古典文獻研究輯刊

六 編

潘美月・杜潔祥 主編

第 8 冊

清代《論語》學

張 清 泉 著

國家圖書館出版品預行編目資料

清代《論語》學／張清泉 著 — 初版 — 台北縣永和市：花木
蘭文化出版社，2008〔民 97〕

目 4+152 面：19×26 公分（古典文獻研究輯刊 六編：第 8 冊）

ISBN：978-986-6657-06-1（精裝）

1. 論語　2. 著述考　3. 研究考訂　4. 清代

121.227　　　　　　　　　　　　　　　　　　　97000823

ISBN - 978-986-6657-06-1

古典文獻研究輯刊
六 編 第 八 冊　　　　　　　　ISBN：978-986-6657-06-1

清代《論語》學

作　　者　張清泉
主　　編　潘美月　杜潔祥
企劃出版　北京大學文化資源研究中心
出　　版　花木蘭文化出版社
發 行 所　花木蘭文化出版社
發 行 人　高小娟
聯絡地址　台北縣永和市中正路五九五號七樓之三
　　　　　電話：02-2923-1455／傳眞：02-2923-1452
電子信箱　sut81518@ms59.hinet.net
初　　版　2008 年 3 月
定　　價　六編 30 冊（精裝）新台幣 46,500 元

清代《論語》學

張清泉　著

作者簡介

張清泉，台灣省苗栗縣人，1959 年生。國立政治大學中國文學博士，現任彰化師範大學國文學系副教授。研究專長為佛學、儒學、詩詞吟唱、書法等，著有《北宋契嵩的儒釋融會思想》、〈茶酒論與唐代的三教講論〉、〈佛經台語讀誦研究——以《佛說阿彌陀經為例》〉、〈常建「題破山寺後禪院」詩的禪理與禪趣〉、〈儒佛的生命觀與生命教育〉、〈詩歌吟唱教學的理論與實務〉、〈雪廬老人《詩階述唐》析探〉、〈色空概念與書法的中道美學〉等。

提　　要

　　本書研究今存清代有關《論語》著述計五十九部，按照漢學派、宋學派、漢宋兼采派等三大類別，每部書依序先述作者傳略，次述書名、卷數、版本、序跋、凡例，又次略述成書因由及內容大要，終乃述其得失與評價。最後綜合歸納並分析其特色與貢獻如下：

　　一、漢學派：闡明漢代經師遺意、考校訓詁名物典制、辨證孔注真偽得失、釐清舊說篇第疑義、輯錄漢魏亡佚舊說、發揚西漢今文學說。

　　二、宋學派：闡揚集注匡正時弊、發明義理歸本心性、以經解經融貫聖言。

　　三、漢宋兼采派：並采二派之所長，互補其所短，兼具二派之特色。

　　總之，漢學派論語學者，以考證訓詁而成其功；宋學派論語學者，以研精義理而擅其長；兼采派學者能取精用宏，截長補短，兩無憾焉。透過今見清代論語存書，正可一窺清代《論語》學之風貌。

目

次

第一章　緒　論

第一節　研究動機

《四庫提要》經部總敘云：

> 經稟聖裁，垂型萬世，刪定之旨，如日中天，無所容其贊述，所論次者，詁經之說而已。

《四庫提要》所言，無非爲揭示「經」之崇高地位也，然吾人則當更進而瞭解此地位所以形成之背景。蓋中國文化以儒家思想爲主流，而儒家思想之基本典籍則爲群經。皇侃曰：「經者，常也，法也。」（《論語義疏·序》），《文心雕龍·宗經》篇曰：「經也者，恆久之至道，不刊之鴻教也。」故學術界秉此觀念，以推崇經書，主政者亦因此而表章經術，提倡經學。是以經學之興衰又與政治之隆替，息息相關矣！漢武帝獨尊儒術，經學爲之昌明，挾其餘勢，至東漢而臻極盛；然盛極而衰，其時代亦正魏晉南北朝混亂之際；至隋唐統一天下，經學亦由分立而一統，經學與時代興衰，若合一契。衍至宋明程朱陸王輩以其「理學」之姿盛行於世，傳統經學不得不日趨衰微，至有清一代，經學得以復盛，政治力量之影響，不可謂不大矣！綜觀經學之演變與時代政治之興衰，孰云不有密切關係？吾人甚可斷之曰：提倡經術者，其政治亦興隆，反之則否。其故何在？蓋群經之內容，無一不與政治攸關也，故經學之事即政治之事，爲政者能表章經術，政治亦因而修明，理固宜然也。《禮記·經解篇》云：

> 入其國，其教可知也。其爲人也，溫柔敦厚，詩教也；疏通知遠，書教也；廣博易良，樂教也；絜靜精微，易教也；恭儉莊敬，禮教也；屬辭比事，春秋教也。

此段所言雖是「六經之教」，然其中境界，不亦即政治之理想乎？爲政者果能崇經術以廣教化，則政治之修明應指日可待，此即政治之隆替繫乎經學之興衰也，而經學地位之重要亦於此可見矣！

自兩漢以降，歷代諸儒有關經學之述作，可謂汗牛充棟，詳且備矣！以此成就吾國無盡之文化寶藏，亦留予後學豐富之研究素材。就《論語》一經而言，《四庫提要》所錄註解便逾千種以上，而亡佚者尚不知其數，其他諸經更遑論矣！經學述作，浩如煙海，苟欲渡之，云何知津？愚不揣蒙昧，既知經學之可貴，豈敢怠忽其務，乃願一窺其堂奧，爰撰本文，名曰「清代論語學」，就經學史言，只限有清一代；就群經言，但取《論語》一經。究其動機，厥有二焉：

一者，自有清一代以上溯經學發展之源流。經學之演變，前已略述之，而清代之經學，皮錫瑞稱之曰「經學復興時代」（《經學歷史》），乃承元明積衰之後而能越宋超唐，以上躋兩漢之盛也。清學又集漢宋之大成，凡漢儒之訓詁名物，宋儒之申義闡理，清儒大多能汰蕪存精，兼采兩派而得其萃也。清學亦吾國傳統學術之終結者，爲西學輸入之故，學者惑於科學文明，遂疑經籍之價值，乃有倡議廢經者，此議既起，經學所受斫傷，前所未有，而清學尚能倖免於稍前也。清代學術既具此三大意義，而吾人由此入手，以溯其源，或可遍嘗百味而知其津矣！

二者，由《論語》一經以啓經學研究之門鑰。趙歧《孟子‧題辭》云：「《論語》者，五經之錧鎋，六藝之喉衿也。」清儒陳澧亦云：「經學之要，皆在《論語》之中。」（《東塾讀書記》）近人徐英則謂：「六經之教，交通而互流，如脈絡之相貫，而皆見於《論語》，故曰，《論語》者，六經之總義也。」（《論語會箋‧導言》）夫《論語》一經乃孔子言論思想之薈萃，與群經關係復密不可分，其地位與價值不言可喻。今從《論語》入門，既爲治經之初階，亦可掌握群經之要義也。

第二節　研究方法

本文之研究範圍，僅限於清儒著述中以「《論語》」爲名者，收錄討論之；至屬於「四書」類及群經總義者，尚不在討論之列，以其爲數過大，非目前時力所能兼及，將以俟來日也〔註1〕。茲將研究步驟與方法略述於后：

一、書目蒐集

今所蒐采書目，凡撰人卒於宣統三年以前，其書雖刊於宣統三年以後，錄之；

―――――――――――――

〔註 1〕書目詳見書後附錄。

撰人卒於民國紀元後，而其書刊於宣統三年以前，或知其成書在宣統三年以前者，亦錄之。資料以傅武光《四書學考》〔註2〕及王鵬凱《歷代論語著述綜錄》〔註3〕為藍本，並參考國立編譯館四書編輯委員會《四書註解存目及存書目錄》，進而考校於各家書目〔註4〕，乃分之為二大部，即「存見書目」與「未見書目」，分別列表以明之。存書部分皆散見於各叢書，如《四庫全書》、《清經解》、《續清經解》、《無求備齋論語集成》、《叢書集成》，或國外單位收藏而由國立編譯館四書編審會影印收藏者，皆以標記明之，以便讀者尋檢。「未見書目」部分，則標明所著錄之書目名稱，以便於查考也。

二、著述分類

就存見書目中，一一過目，審其內容性質，概分為漢學、宋學、漢宋兼采三大派別；其中漢學派為數較多，乃再細分為傳注、考證、義理、輯佚四類，每一著作皆詳審其內容，以歸入適當之類別，其中或有異於傅、王二氏之分類者，要皆據實以訂，非為立異也。類別既定，而其順序則依撰者之生年先後為準；生年未詳者，則依成書之年而廁其間；再不詳，則附於各類之末焉。至其未見書目則不予分類，蓋未審內容，但憑書名即據以分之，恐失於武斷，故暫缺之，但依姓氏筆畫為序，列表存查可也。

三、著述析評

今存清代《論語》著述，其書可見者約五十餘部，皆以一書為單位，先述作者傳略，次述書名、卷數、版本、序跋、凡例，又次略述成書因由及內容大要，最後乃述其得失與評價。或詳或略，或舉例以明之或否焉，要皆審其內容而斟酌之，頗具取資價值者乃詳論之，內容普通者則略述之。凡所臧否，或引成說，如《四庫提要》、《續四庫提要》，皆取持論公允，無門戶之見者；或以己意斷之，亦憑客觀證據，如實進退之，非敢妄議前賢也。

四、綜合結論

各部著作之優劣得失評價，既已見於各篇，無庸贅述。然各派所形成之共通特色，及一代清儒所治《論語》之特殊成就，皆應有所歸納整理，凡此皆併於結論中

〔註2〕民國62年，師範大學碩士論文。
〔註3〕王鵬凱著《歷代論語著述綜錄》(台北：花木蘭文化出版社，2005年12月。收入潘美月、杜潔祥主編《古典文獻研究輯刊》初編，第18冊)。
〔註4〕參見第三章第二節「未見書目」所著錄之各家書目。

述之，則清代《論語》學之風貌，庶幾可見矣！

第三節　前人研究成果之檢討

前人有關清代《論語》著述之研究，專書部分計有《四庫提要》及《續四庫提要》二部；論文部分則有傅武光《四書學考》及王鵬凱《歷代論語著述綜錄》二部；其他尚有若干短文，散見於各期刊。《四庫提要》收錄清代《論語》著述僅二部〔註5〕；存目則有三部〔註6〕，雖吉光片羽，亦可見其進退之意矣！《續四庫提要》則著錄三十六部之多，其書今或存見或未見〔註7〕，提要之撰述，署名江瀚者十八部，署名倫明者十六部，未署名者二部。其撰例大抵先列書名、刊本、卷數、著者、次爲提要及得失評價。二家之撰述，以江瀚所言較爲深入，其持論多能深中肯綮；倫明所撰則多屬一般摘錄，罕有深刻析評。綜言之，《四庫提要》及《續四庫提要》本爲備歷代典籍之總覽者，其提要亦僅能提綱契領，未克深入細述也。

傅武光之《四書學考》，蓋依《論語》、《大學》、《中庸》、《孟子》之序，分別考其名義、作者、成書時代、傳本等，並爲辨其流別，分其部屬，體例堪稱甚爲完備。部類之前皆有總敘，以明其義旨，並略評得失價值，語皆簡單扼要。然於每一書則未能標其存佚，且不遑一一列述，固爲美中不足。又考其爲各書所歸之部類，間有措置失當者，如牛運震《論語隨筆》應入宋學之部，卻誤置於「漢學部考證類訂補之屬」〔註8〕；另有附錄之「不知宗派者」四十餘部，或爲當時所未見，然今考其目，尚有十二部可見者〔註9〕，恐係一時疏失未察乎！

王鵬凱《歷代論語著述綜錄》蓋采斷代分別考錄方式，每一朝代皆分二節，一爲著述綜錄，一爲《論語》學概述。著述則分《論語》及《四書》二部分，以清代爲例，《論語》之下分傳注、專著、文字考釋、魯論語、輯佚諸類。《四書》部分則分爲傳注、專著、文字音義、翻譯之屬等類。每條之下著其書名、卷數、朝代、作

〔註5〕 本文所述皆不含四書類，故《論語》部分僅毛奇齡《論語稽求篇》、江永《鄉黨圖考》二部。
〔註6〕 《論語》存目部分錄有李塨《論語傳註》（附傳注問）、崔紀《論語溫知錄》、桑調元《論語說》三部。
〔註7〕 《續四庫提要》所錄書目，今見者二十六部，未見者十部，詳參第三章。
〔註8〕 詳見本文第五章「宋學派《論語》著述析論」。
〔註9〕 此十二部爲秦東來《論語贊解》、姚紹崇《論語衍義》、王肇晉《論語經正錄》、劉名譽《論語注解辨訂》、姚永樸《論語述義》、轟鎬敏《論語說約》、沈道寬《論語比》、宋在詩《論語贊言》、趙良猶《論語注參》、朱亦棟《論語札記》、王景賢《論語述注》、胡夤《論語集解義疏》等，除朱亦棟《論語札記》不在本文論例（原名《十三經札記》），餘皆參見第三章第一節。

者、存佚、著錄書目及校勘附記等。至其「清代論語學概述」部分，於各書之論評多摘取他人之片言隻語以斷其得失，惜未能條理其緒，姑謂之「集評」可也。

　　近人有關清代《論語》著述作單篇探討者，爲數亦不多〔註10〕，其中以李紹戶先生〈黃式三論語後案釋例〉及〈劉寶楠論語正義評述〉二篇，較具參考之資，其餘皆僅略及耳，由此可見此中材料尙有待開發。

　　以上乃前人對清代《論語》著述既有之研究概況，本文即依據前賢所作研究之成果，承其既得之創獲，補其所未備之處，亦冀能於經學略盡棉薄之力耳。

第四節　清代學術背景略述

一、心學末流之反動、實用精神之發揚

　　自兩宋以降，理學大盛，或摻雜佛老，或逞臆說，或憑空言而自矜，流風所被，天下群從。迄於明代，其流益下，講學之風日盛，而虛疏之病愈甚，束書不觀，空言性命之旨，游談無根，相爭口舌之間，蹈魏晉清談之轍，而資天下於夷狄，此一二有志之士，所以發憤慷慨，思有以矯其弊，而振民族人心於既亡也。顧炎武於《日知錄》卷七云：

> 劉石亂華，本於清談之流禍，人人知之，孰知今日之清談，有甚於前代者，昔之清談談老莊，今之清談談孔孟。未得其精而已遺其粗；未究其本，而先辭其末。不習六藝之文，不考百王之典，不綜當代之務，舉夫子論學論政之大端一切不問，而曰一貫，曰無言。以明心見性之空言，代修己治人之實學，股肱惰而萬事荒，爪牙亡而四國亂，神州蕩覆而宗社丘墟。

正由於心學末流走入狂禪之路，清談孔孟，徒務玄虛，空談性命之旨，束書不觀，不切實際，不獨學術空疏，即崇踐履者，亦寡矣，終導致批評之聲四起。顧炎武之外，李塨於所書〈劉戶部墓表〉亦云：

> 高者談性天，撰語錄，卑者疲精死神於舉業，不惟聖道之禮樂兵農不務，即當世之刑名錢穀，亦懵然罔識，而栩栩呻吟，自矜有學……中國嚼筆吮毫之一日，即外夷秣馬厲兵之一日。辛之盜賊蠭起，大命遂傾，而天乃以二帝三王相傳之天下，授之塞外。

〔註10〕據林慶彰《經學研究論著目錄》下冊頁七一七所錄，有楊君勱〈論語稽求篇讀後〉、李紹戶〈王夫之論語釋義〉、〈翟灝論語考異與阮元校勘記〉、〈黃式三論語後案釋例〉、〈劉寶楠論語正義評述〉、胡適〈焦循的論語通釋〉、封恆〈劉寶楠論語正義之特性〉、史次耘〈戴望論語注義補正〉，計八篇。

明以八股取士，當時士子，舍《永樂欽定性理大全》外，幾一書不讀，但求高官爲目的，惟利祿是瞻，習染成風，致有明一代學術，幾乏善可陳。故有明末之空疏，始有清初之敦實；有明末之蔑視讀書，始有清初之提倡經術，有明末之輕忽踐履，始有清初之注重躬行，在在皆明學之反動結果也，故清代學術之成立，明季之學風，實爲其重要之背景也。

二、興文字獄、高壓兼懷柔

滿清以異族入關，其奠定北京，雖僅四十日，而平定各地，幾及四十年。勇將悍卒，雖可以武力制伏，然知識分子之心難得，遂成統治之障礙。故其策略或採高壓，或兼懷柔，既注重倫常，提倡經學，卻又大興文字獄。更以開四庫館爲由，明爲蒐羅群書，暗爲查禁典籍。諸多舉措皆可見其以政治勢力影響學術之一斑。

清廷之高壓政策，約始於順治十年之後，以迄康熙雍正乾隆之朝。嚴禁士子，不得妄立社名，糾眾盟會，稍有一言不慎，動罹殺身之禍。江浙一帶人文薈聚，反滿最烈，清廷嫉之最深，故屢有文字獄之興。康、雍、乾三朝，一百三十餘年內，便有一百零八起〔註11〕，著名者如康熙二年湖州莊氏史案；康熙三年孫夏峰被告對簿；及雍正十四年查嗣庭、呂留良之獄，甚致開棺戮屍，梟首示眾〔註12〕。高宗乾隆更繼承父祖，有過之無不及，僅乾隆一朝，有案可稽者達八十五次之多，其它銷燬之板片、書目不計其數〔註13〕。當時學者，處於異族淫威之下，國家光復之望既絕，而動輒得咎，或至戮及父母兄弟妻子朋友，故不得不移其精神於經史考證之學，造成乾嘉考證之風大興也。

清代政治勢力對學術之影響，除上述壓制外，亦有其正面意義者。如入關前，多爾袞主張「遣官祭先師孔子」；及順治元年，令孔子六十五代孫孔允植襲封「衍聖公」，又封孔子爲「大成至聖文宣先師孔子」，十四年復追贈爲「至聖先師」之號。諸多舉措可見其尊孔之義。此外又鼓勵讀經，以六經爲「帝王修身治人之要道」（《清世祖實錄》卷十五），又編刻大量儒家典籍，可見其對儒學之重視。此外於清代學術史上一大要事，乃爲乾隆三十八年之開四庫全書館，以紀昀爲總纂官，網羅天下才智之士，供給衣食使盡其心力於文字典籍之中。雖以修書之名而達禁書之實，然亦有其貢獻。《四庫全書》既成之後，繕寫七部，頒貯各地〔註14〕，於是漢學之風氣

〔註11〕見《中國歷史三百題》（上海古籍出版社），頁四二一「清代的文字獄是怎麼回事」。
〔註12〕詳見蕭一山著《清代通史》（台灣商務印書館）。
〔註13〕參李威熊先生〈清初經學的復興運動〉，載於《孔孟月刊》二十九卷，第三、四期。
〔註14〕乾隆四十六年（1781）全書告成，凡三千四百七十部，九萬三千五百五十六卷，存目六千七百六十六部，九萬三千五百五十六卷，另纂提要二百卷。特建文淵閣庋藏，

盛極一時，而治學之方法亦漸精密，此種影響實不容忽視。

三、西學輸入、治學方法創新

　　西學輸入，應上溯自明代利馬竇、湯若望等。最早爲曆算學之傳入，此後清朝一代學者，頗有精於曆算者，且喜談經世致用之學。康熙帝亦崇信西學，對曆算天文頗有研究，又南懷仁等，輪日進講測量數理等學，於是研求西學之風氣廣被一時，而算學一門，於清代特爲興盛，遂使清代經學家，多數亦兼算學家，此亦一特別之現象。如戴東原校算書十種，而史學大師黃宗羲，考證學大師江永、孔廣森、焦循等，亦皆善於此道。黃宗羲啓閻若璩、胡渭辨僞之風，江永、戴震創皖派經學，自此考證之學因而大盛。且皖派考證方法之善，尤爲他家所不及，條理清晰、發明特多，此與西學之輸入，不無關係也。

　　嗣又於圓明園建文源閣，熱河建文津閣，奉天建文溯閣，詔敕各寫一份庋藏，是謂內廷四閣。後又命續繕三份，分貯揚州、鎮江、杭州，至乾隆五十二年，始告全成。

第二章　歷代《論語》學略說

司馬遷云：「天下君王至於賢人，眾矣，當時則榮，沒則已焉。孔子布衣，傳十餘世，學者宗之，自天子王侯，中國言六藝者，折中於夫子，可謂至聖矣！」（《史記・孔子世家》）孔子雖一介布衣，然其不朽德業卻遠勝一般「當時則榮，沒則已焉」之帝王。歷代學者君王尊孔子為「大成」、「至聖」、「先師」、「萬世師表」、「樹百王之模範、立萬世之宗師」〔註1〕，可見孔子在中國歷史上地位之崇高，因而代表其行誼思想之《論語》，亦連帶具有無比之地位與價值。今述清代《論語》學，乃先略敘歷代《論語》學之概況，爰分五期：一、先秦時期；二、兩漢時期；三、魏晉時期；四、隋唐時期；五、宋明時期。

第一節　先秦時期

《論語》一書並非一時一人之作，欲瞭解此書之編纂經過，首須略知其名義，歷來各家主要說法如下：

班固《漢書・藝文志》云：

> 《論語》者，孔子應答弟子時人及弟子相與言而接聞於夫子之語也。
> 當時弟子各有所記，夫子既卒，門人相與輯而論纂，故謂之《論語》。

劉熙《釋名・釋典藝》云：

> 《論語》，記孔子與弟子所語之言也。論，倫也，有倫理。語，敘也，
> 敘己所欲說也。

何晏《論語集解・敘》引劉向云：

> 《魯論語》二十篇，皆孔子弟子記諸善言也。

邢昺《論語集解・序疏》云：

〔註1〕參見林礽乾先生〈論語導讀〉，康橋出版，《國學導讀叢編》二。

鄭玄周禮注云：「答述曰語」，以此書所載皆仲尼應答弟子及時人之辭，故曰語，而在論下者，必經論撰然後載之，以示非妄也。

近人陳大齊先生說：

《論語》所載，以孔子言論爲主，而孔子言論可大別爲二類：一爲與人問答討論爲主，二爲未經人問而自動告人。前一類正是「論」，後一類正是「語」，故書名《論語》者，意即孔子的論與語，用以顯示全書的主要內容。（《孔子學說》第一章）

綜上所述，「論語」二字之解釋，「論」即「孔子之至論」，語即「孔子之善語」，這些言論經由後人之編纂而成《論語》一書。以下乃述編纂者。

關於《論語》作者問題，歷來亦眾說紛紜，據林初乾先生〈論語導讀〉一文之歸納，約有二類，第一類謂《論語》乃七十子所記撰，主此說者，如前述劉向、班固之言，又趙歧《孟子》題辭云：「七十子之疇，會集夫子所言，以爲《論語》。」此外唐陸德明《經典釋文·敘錄》及《論語音義》引鄭玄說：「仲弓、子游、子夏等所撰定。」此則明指出弟子之姓名者。第二類謂《論語》乃七十弟子之門人所共同撰錄。如梁皇侃云：「《論語》者，孔子沒後，七十弟子之門人共所撰錄也。」（《論語義疏》）。程伊川則謂：「《論語》之書、成於有子、曾子之門人，故此書獨二子以子稱。」（朱熹《論語集注·序》引）綜合諸說約可得一結論：《論語》至少經由三期與兩個不同派別之孔門再傳弟子所編出。

《論語》既由不同之人，不同時期所編成，茲將各期之編纂經過，簡述於后。

第一期初編：約於孔子歿後，主持者爲仲弓、子游、子夏諸人。皇侃《論語》義疏·序》云：

哀公十六年，哲人其萎，徂背之後，遇隙巨駐。門人痛大山長毀，哀梁木永摧，隱几非昔，離索行淚，微言一絕，景行莫書，於是弟子僉陳往訓，各記舊聞，撰爲此書，成而實錄，上以尊仰聖師，下則垂軌萬代。

又陸德明《經典釋文·敘錄》及《論語音義》引鄭玄之說謂《論語》是：「仲弓、子游、子夏等所撰定。」據林初乾先生之考訂，此期所編大抵爲今所見之上論，前九篇記孔子與早期弟子之言行，第十篇鄉黨，專記孔子日常生活及態度瑣事，疑爲此期之完結篇（〈論語導讀〉）。

第二期續編：約於曾子死後，參與編纂者，據《論語》中記載顯示，曾參稱「子」者十四次〔註2〕，有若稱「子」者三次〔註3〕，閔損稱「子」者一次（〈先進〉第十

〔註2〕見哈佛燕京學社編纂，《四書引得·論語引得》第96頁。
〔註3〕同注二《論語引得》第138頁。

三章），再有稱「子」者二次（〈雍也〉第四、〈子路〉第十四），林礽乾乃疑此期之編者應以曾子和有子之學生爲主，閔子與冉子之學生爲次。所編大抵爲今之下論，此外對第一期之初編本，亦略有更動與附益。故有部分曾子、有子之言論插入上論者，此說似較可信。

　　第三期增入者：年代當在孟子之時及孟子以後之戰國時期，因年代久遠，故所增之材料多屬傳聞不實之辭，此類篇章，經後世學者一一考證分析，已可證明其屬僞者，茲不贅矣〔註4〕。

　　顧自孔子在世，與弟子時人等之答論，構成《論語》一書之基本素材，至孔子歿後，弟子及後人之陸續編纂，使其終於在戰國時期得以成書，此爲先秦時代《論語》一書之編纂經過，是爲先秦成書期。

第二節　兩漢時期

　　經書歷經戰國之亂以及秦火之劫，先秦典籍頗有亡佚，至於漢初，由於朝廷對學術重視，並從事經書復原工作，遂使兩漢成爲中國經學最昌明之時代。《漢書・藝文志》云：

　　　漢興，改秦之敗，大收篇籍，廣開獻書之路。

《史記・儒林傳》云：

　　　　孝文帝時，欲求能治《尚書》者，天下無有，乃聞伏生能治，欲召之。

　　　是時伏生年九十餘，老，不能行，於是乃詔太常使掌故朝錯往受之。

在此朝野努力下，天下舊籍日益復出，而《論語》一書，當時則因傳鈔之同異，於西漢之初，蓋有三家，即魯論、齊論、古論。

　　班固《漢書・藝文志》云：

　　　　漢興，有齊魯之說。傳齊論者，昌邑中尉王吉、少府宋畸、御史大夫貢禹、尚書令五鹿充宗、膠東庸生，唯王陽〔註5〕名家。傳《魯論語》者，常山都尉龔奮、長信少府夏侯勝、丞相韋賢、魯扶卿、前將軍蕭望之、安昌侯張禹，皆名家，張氏最後而行於世。

劉向《別錄》云：

　　　魯人所學，謂之魯論，齊人所學謂之齊論。

以上爲說明齊、魯二論，乃因傳習之地與人不同而有所別。此外齊魯論與古論，在

〔註4〕詳見崔述《洙泗考信錄》卷四。
〔註5〕師古曰：「王吉字子陽故謂之王陽。」

書體上又有今、古文之異。《漢書・藝文志》云：

> 武帝末，魯恭王壞孔子宅，欲以廣其宮，而得古文《尚書》及《禮記》、
> 《論語》、《孝經》凡數十篇，皆古字也。

段玉裁《說文解字敘》注云：

> 古文出於壁中，故謂之壁中書，晉人謂之科斗文。科斗文者，周時古
> 文也，其字頭粗尾細，似科斗之蟲，故俗名之焉。

蔣伯潛《十三經概論論語解題》上云：

> 《論語》在漢時有今文本與古文本。今文本有二種：魯人所傳曰魯
> 論，齊人所傳曰齊論。

以上為說明古文《論語》乃用周時古文所寫，而齊論、魯論則用今文所寫，即當時
通行之文字——隸書所鈔寫。此外亦有關於篇章之差異者，何晏《論語集解・敘》
云：

> 魯論語二十篇，齊論語二十篇，有問王、知道，多於魯論二篇。

又云：

> 齊論二十二篇，其二十篇中，章句頗多於魯論。

《漢書・藝文志》云：

> 《論語》古二十一篇。（師古注：出孔壁中，兩子張。）

《經典釋文》引《桓譚新論》說：

> 古論文異者四百餘字。（與魯論之異）

綜上所述，同一《論語》，乃有齊魯之異，今古之殊，篇章文字，復有多寡同異之別，
可知原書纂定之後，且有後人附益竄亂者也。何晏云：

> 張禹本受魯論，兼講齊說，善者從之，號張侯論，為世所貴。

又云：

> 鄭玄就魯論篇章，考之齊古。

蓋自張禹已本魯論而參之齊論，去問王、知道二篇，鄭玄復就魯論篇章，考齊古字
句，故知後世所行《論語》，殆即張禹、鄭玄先後釐定之本，非復西漢以前之舊，亦
非孔門之舊也。

以上為兩漢《論語》傳本之大概，至於其學風若何，亦當進一步檢討之，皮錫
瑞氏云：

> 治經必宗漢學，而漢學亦有辨。前漢今文說，專明大義微言；後漢雜
> 古文，多詳章句訓詁。

皮氏數語，對兩漢學術當有所判矣。西漢今文說，前已述及，至於東漢之雜揉今古

文，重章句訓詁，當以鄭康成爲集其大成者。康成師馬融，有《論語訓》，其書亡佚，部分蒐入何晏《集解》中，清人王謨有輯本。鄭康成則有《論語注》十卷、《論語釋義》一卷、《論語孔子弟子目錄》一卷、《論語師法表》等著作，兩漢《論語》學遂由鄭玄總其成，至是鄭玄《論語》注行，而齊魯《論語》不行矣！

　　於漢魏之際，另有一經學大師，足以與鄭玄抗衡者，是王肅也。然而王肅之說經每與鄭玄相左，致後世學者或毀或譽，各有所論。肅有《論語釋駁》三卷、《論語注》十卷，另有《孔子家語》者，據後人考證，亦王肅所造。皮錫瑞云：「鄭學出而漢學衰，王學出而鄭學亦衰。」學術之演變乃自然所趨，固不能妄別鄭、王之優劣，二氏於經學貢獻，同歸於一，皆重要之關鍵人物也。

　　〔附〕漢代《論語》傳授表：

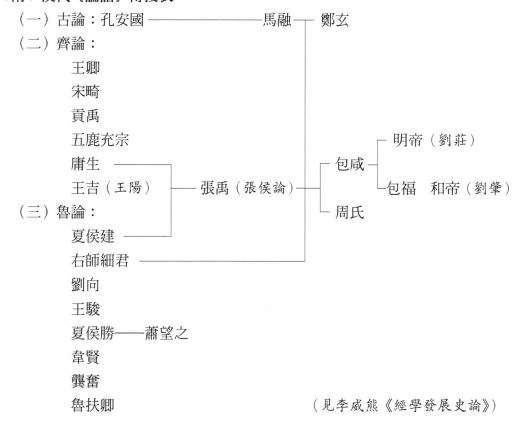

（一）古論：孔安國 ——————————— 馬融 — 鄭玄

（二）齊論：
　　　　王卿
　　　　宋畸
　　　　貢禹
　　　　五鹿充宗
　　　　庸生
　　　　王吉（王陽） — 張禹（張侯論） — 包咸 — 明帝（劉莊）
　　　　　　　　　　　　　　　　　　　　　 — 包福　和帝（劉肇）
（三）魯論：　　　　　　　　　　　　　　 周氏
　　　　夏侯建
　　　　右師細君 ——————————
　　　　劉向
　　　　王駿
　　　　夏侯勝——蕭望之
　　　　韋賢
　　　　龔奮
　　　　魯扶卿　　　　　　　　　　　（見李威熊《經學發展史論》）

第三節　魏晉時期

　　魏晉南北朝時期，清談、玄風盛行，此一風氣之形成蓋肇因於東漢末年政治之混亂，儒學衰微以及唯美文風之影響，遂使學術界瀰漫清談之風，所談內容蓋以易、

老、莊玄虛之理論爲主，流風所及乃有名理派、妄誕派等人物產生。在此背景中，經學深受影響，皮錫瑞遂稱此期爲「經學中衰時代」（《歷學歷史》）。《論語》學在此潮流中雖不若前期之盛，卻也頗爲可觀，例如記載此期人物言行之《世說新語》（宋臨川王劉義慶撰）卷首四篇即以「德行、言語、政事、文學」冠之，蓋取法於《論語》孔門四科之用意。〔註6〕楊勇《世說新語校箋》卷前「書名、卷第」云：

> 本書分三十六類，而以孔門四科冠首，蓋即漢末品論之遺，其所載又多漢末魏晉名士佳言，名曰「世說」，襲意《論語》，無可疑也。

除卷首以孔門四科冠之外，「言語」篇亦有多處以《論語》篇章作談助之材料者〔註7〕。雖然儒學衰微，但孔子聖人之地位深植人心，並未因妄誕人士之譏誚而有所損，於此亦可見一斑矣。

此期《論語》重要著作，當以何晏《集解》與皇侃《義疏》爲代表。何晏集兩漢以來各家《論語》之善者，並記其姓名、有不安者則下己意，所引者有孔安國、包咸、周氏、馬融、鄭玄、陳群、王肅、周生烈等家說法，而凡其所補充發揮者，大多具有道家玄思，陳澧《東塾讀書記》卷二云：

> 何注始有玄虛之語，如子曰志於道，注云：「道不可體，故志之而已。」回也其庶乎屢空，注云：「一曰空猶虛中也。」自是以後，玄談競起。

此書對後世影響頗大，然亦因其所蒐集，幾爲各家之精華，故由於集解之成書，反造成前人各家傳注之亡佚，此乃始料所未及。

皇侃《論語義疏》十卷，乃今存南北朝有關義疏之學唯一全本。但本書在南宋後於中國本土已不見，清乾隆間浙人汪翼滄復得自日本足利學中，而鮑以文刊入《知不足齋叢書》中。皇疏主要據何晏《集解》並參考晉人江熙所集十三家《論語》注，擇善者爲疏，當時諸家解經，常雜有玄趣，而皇侃《論語疏》也難免夾有佛氏、老莊之說。爲皇疏所采而雜有玄言者，據陳澧《東塾讀書記》所錄，如：

> 六十而耳順，孫綽云：「耳順者、廢聽之理也，朗然自玄悟，不復役而後得。」子畏於匡，孫綽云：「兵事阻險，常情所畏，聖人無心，故即以物畏爲畏也。」……顏淵死，子哭之慟。謬協云：「聖人體無哀樂，而能以哀樂爲體，不失過也。」郭象云：「以不治治之，乃得其極，君子道

〔註6〕 〈先進〉篇云：「子曰從我於陳蔡者，皆不及門也，德行：顏淵、閔子騫、冉伯牛、仲弓。言語：宰我、子貢。政事、冉有、季路。文學：子游、子夏。」

〔註7〕 如〈言語〉第二：「鄧艾口吃，語稱艾艾……晉文王戲之曰：卿云艾艾，爲是幾艾？對曰：鳳兮鳳兮，故是一鳳。」又：「桓玄諧荊州，殷在妄房晝眠，左右辭不通。桓後言及此事，殷云：初不眠，縱有此，豈不以賢賢易色也？」

者三，我無能焉。」江熙云：「聖人體是極於沖虛，是亡其神武，遺其靈智。」……此皆皇侃疏所采，而皇氏玄虛之說尤多。甚至謂原壤爲方外聖人，孔子爲方內聖人。

此外亦有佛氏之說者，如〈先進〉篇「未知生焉知死」皇疏云：

> 外教無三世之義，見乎此句也，周孔之教，唯說現在，不明過去未來。

此稱孔子儒家爲外教，又稱說過去未來，顯然採用佛家三世之說也。又其文辭駢展整齊，亦受南朝華麗文風之影響，皮錫瑞《經學歷史》云：

> 皇侃之《論語義疏》、名物制度，略而弗講，多以老莊之旨，發爲駢儷之文，與漢人說經，相去懸絕。

此亦皇疏之另一特色也。總之，皇疏在魏晉南北朝中，與何晏集解互相輝映，能爲《論語》學作承先啓後之功，《四庫提要》引《國史志》云：

> 皇侃疏雖有鄙近，然博極群言、補諸書之未至，爲後學所宗。

後世邢昺疏亦以此爲藍本而有所改定。《四庫提要》亦稱皇疏「知其確爲古本，不出依託」，可見其廣引諸家之說，博極群書，囊括古義，誠非唐宋正義所能望其項背也。

第四節　隋唐時期

　　魏晉南北朝紛擾之政治，至隋而得一統，唯隋立國僅短短廿九年，繼之爲大唐帝國。從此結束近四百年之混亂，而學術亦伴隨政治之安定，漸趨於統一，尤以唐代經籍之整理，居功甚偉，如陸德明著《經典釋文》、孔穎達與諸儒纂修《五經正義》，及《開成石經》之刊刻等，使經學至此又啓新局。

　　在經學史上，隋唐經學之特色即經籍義疏之學大盛，考其原因應與佛典疏鈔及僧徒講論有相當關係。梁啓超云：

> 隋唐義疏之學，在經學界有特別價值，此人所共知矣。而此種學問，實與佛典疏鈔之學問同時發生，吾固不敢逕指此爲翻譯文學之產物，然至少必有彼此相互影響。（《飲冰室合集》）

佛經由外域傳入，因文字隔閡，故需討論疏通，自魏晉以來無論儒、道、佛，其經典講論之風氣皆甚盛行，此種講論、疏鈔，無論形式及內容皆直接影響及隋唐群經義疏之學。故唐初孔穎達奉敕撰《五經正義》，賈公彥、徐彥、楊士勛等爲其他經作疏，乃因襲前代而來，亦可說是南北朝諸家義疏之學之集大成，使經學與聖道復歸一統，定於一尊。然而群經統一之工作雖蓬勃展開，《論語》之學，卻自隋唐以降，始終式微不振，其間除韓愈、李翱有《論語筆解》之作外，幾乏善可陳，直至宋初

邢昺疏出，隋唐論語「正義」工作方始告成。

　　韓、李《論語筆解》一書之作主旨在破孔安國之注，其間有述有作，《經義考》引王柲曰：

　　　　或謂文公所解多改本文，近於鑿僕。

劉師培《經學教科書》亦評曰：

　　　　隋唐以降，《論語》之學式微，惟唐韓愈、李翱作《論語筆解》，附會
　　　　穿鑿，緣詞生訓，遂開北宋說經之先。

韓李更特重視《論》、《孟》、《學》、《庸》四書，主張由《四書》以體會六經之精神，此與兩宋理學之開展，關係至為密切。

　　邢昺義疏乃完成於宋眞宗咸平二年〔註8〕據《四庫提要》云：

　　　　其書大抵翦皇氏之枝蔓，而稍傅以義理，漢學宋學茲其轉關。是疏出
　　　　而皇疏微，迨伊、洛之說出而是疏又微，故《中興書目》曰：「其書於章
　　　　句訓詁名物之際詳矣」，蓋微言其未造精微也。

漢唐以來解經多重章句、訓詁、名物，本書乃依何晏集解各家之注敷演而成，其間採用皇侃疏為最多，而亦斟酌各家說法，大體偏於以義理說經，但亦不忽略章句、訓詁、名物，雖缺乏新見，然邢疏於中國經學發展上，為由漢學轉為宋學，過渡之代表作也。

第五節　宋明時期

　　經學遞嬗至宋代，演變成另一局面，皮錫瑞稱其為「經學變古時代」，蓋取其一改漢唐以來之學風，除章句、訓詁、名物外，特重「義理」之闡發，論者遂名之為「宋學」以與「漢學」相匹。所謂「宋學」實即以「理學」為中心。托克托作《宋史》，於儒林、文苑之外，另立「道學傳」，所傳即兩宋之理學家。

　　理學之興起有其歷史背景，本田成之《中國經學史》云：

　　　　其融合老莊與佛教教理，立陽儒陰佛底哲學，附會孔孟之教，其被非
　　　　難，雖是當然，然一本戰國秦漢之際的儒家，也如前述，牽引陰陽五行及
　　　　讖緯入經典，以投時好，似不能說誰屬優勝呢？

本田成之以宋代理學之融合釋老，比之於兩漢儒生之以陰陽讖緯說儒，頗有異曲同工之妙，然則學術自然融合與相互影響之關係，頗值得學者注意。尤其隋唐時期乃

〔註 8〕　邢疏乃繼承隋唐以來經籍統一工作，《論語》學方面之完成者。雖已至宋代，論其性
　　　　質，仍應併入本期討論。

中國學術史上佛學之鼎盛期，儒學界幾難與之抗衡，至韓愈挺身疾呼排佛護儒，以迄宋明諸儒，雖亦曾「出入佛老」，然終究以恢復名教之蠹，大爲闡發其「理學」諸說，不得不轉頭批判佛老。無論如何，理學家受佛教思想之啓發是不可否認之事實。〔註9〕除佛教思想影響外，唐末唯美主義之浪漫文風以及社會風氣之萎靡現象，亦促成道學家有意振奮人心，改變風氣，而挺身以捍衛道統自任，遂以發揚儒學爲使命，並提倡心性理性之修養，以矯治過於萎靡之情欲生活，理學家嚴肅的生活態度，正可爲此種社會風氣，注入一股清流，此亦理學興起之重要因素。

　　在此理學大盛風氣之下，《論語》之角色更形重要。自韓愈、李翱將《論語》、《孟子》、《大學》、《中庸》並列開始，《論語》之地位更爲突顯。宋儒於大談心性之際，想爲儒學尋找更高之形上學基礎，並建立思想體系，以與佛學抗衡，因而對此四書格外重視，直至南宋朱熹爲之作章句、集注，於是「四書」之名稱遂普遍流行於民間，從此「四書五經」便成家喻戶曉之詞。馬宗霍《中國經學史》云：

> 程朱既以倡明道學自任，因復表章《大學》、《中庸》二篇與《論語》、《孟子》並行。以爲此道統之所在。二程於學庸、語孟皆有說。……朱子則作《大學》、《中庸》章句或問、《論語》、《孟子》集註，合稱曰四子書，薈萃群賢之言而折衷之。……自有四書而道學之門戶正，自朱子四書立于學官，而後道學之壁壘堅，此黃榦所謂道之正統，由孔子而後，曾子子思繼其微，至孟子而始著。由孟子而後，周、程、張子繼其絕，至朱子而始著也。

朱熹對《四書》之功勳可謂巨矣，而其《四書集註》對元明清科舉士子之影響亦深矣。是故《論語》一書，於宋明時期亦可謂獨領風騷矣，趙普所謂「半部《論語》治天下」斯其證也。

　　兩宋《論語》學即以朱子《集注》爲其代表，另有陸王學派者，對後世亦有所影響。象山、陽明雖無《論語》方面專著，然多有取於《論語》以資其說者，如《傳習錄》云：

> 夫子謂子貢曰：「賜也女以予爲多學而識之者與？非也，予一以貫之。」使在於多學而識，夫子胡乃謬爲是說以誑子貢者耶？一以貫之非致其良知而何？

此派自「尊德性」乃至「致良知」之陸王心學，對清代學風亦有若干影響，不宜忽略也。

〔註9〕參見《孔孟學報》第二十三期，南懷瑾〈宋明理學與禪宗〉一文。

第三章　清代《論語》著述考

謹將清代《論語》著述依「存見書目」、「未見書目」分別列表明之。

第一節　存見書目

類別	編號	書　名	版　本	作者	生卒年	四庫全書	清經解	續清經解	論語集成	叢書集成 新編◎ 續編○	備　註
傳注	1	論語古訓十卷	浙江書局刊本	陳鱣	1753～1817				○		
	2	論語正義二十卷	皇清經解本	劉寶楠	1791～1855			○	○		
	3	論語古解十卷	藤花亭十五種本	梁廷柟	1796～1861				○		
	4	論語鄭義一卷	俞樓雜纂本	俞樾	1821～1906			○	○		
	5	論語古注擇從一卷	俞樓雜纂本	俞樾	1821～1906				○		
	6	論語訓二卷	湘綺樓全書本	王闓運	1832～1916				○		
	7	論語古注集箋十卷	續清經解本	潘維城				○	○		
考證	1	論語稽求篇七卷	毛西河集本	毛奇齡	1623～1716	○	○		○	◎	
	2	鄉黨圖考十卷	皇清經解本	江永	1681～1762	○	○				
	3	論語俟質三卷	琳瑯祕室叢書本	江聲	1721～1799				○	◎	
	4	論語後錄五卷	漢陰官舍刊本	錢坫	1741～1806				○		
	5	論語魯讀考一卷	湖洲叢書本	徐養原	1758～1825			○	○		
	6	鄉黨正義一卷	續清經解本	金鶚	1771～1819			○			
	7	論語異文考證十卷	石經閣五種本	馮登府	1783～1841				○		
	8	論語皇疏考證十卷	庚辰叢編本	桂文燦	1823～1841				○		
	9	論語集解校補一卷	清刊蔣佑石叢書本	蔣日豫	1830～1875						國立編譯館

類別	編號	書　名	版　本	作者	生卒年	四庫全書	清經解	續清經解	論語集成	叢書集成 新編◎ 續編○	備　註
考證	10	鄉黨圖考補正六卷	光緒三十四年刊本	王漸鴻	1842～1897						國立編譯館
	11	論語偶記一卷	皇清經解本	方觀旭			○				
	12	論語實測二十卷	民初排印本	徐天璋							國立編譯館
	13	論語章數字數表二卷	光緒二十四年刊本	謝崧岱 謝崧岷							國立編譯館
辨偽	1	論語孔注證偽二卷	合眾圖書館叢書本	丁晏	1794～1875						國立編譯館
	2	論語孔注辨偽二卷	幼順堂叢書本	沈濤				○		◎	
今文學義理	1	論語述何二卷	皇清經解本	劉逢祿	1776～1829		○		○		
	2	論語說義十卷	續清經解本	宋翔鳳	1776～1860			○	○		
	3	何休注訓論語述一卷	續清經解本	劉恭冕	1821～1880			○	○		
	4	戴氏注論語二十卷	南菁書院叢書本	戴望	1837～1873				○		
	5	論語注二十卷	萬木堂刊本	康有為	1858～1927				○		
漢學義理	1	論語通釋一卷	木犀軒叢書本	焦循	1763～1820				○		
	2	論語補疏二卷	皇清經解本	焦循	1763～1820		○		○		
	3	論語論仁論一卷	皇清經解本	阮元	1764～1849		○				
	4	續論語駢枝一卷	俞樓雜纂本	俞樾	1821～1906			○	○		
宋學	1	讀論語劄記二卷	綠猗堂鈔本	李光地	1642～1718	○			○		
	2	論語贅言二卷	山右叢書初編本	宋在詩	1695～1777					○	
	3	論語隨筆十七卷	空山堂藏本	牛運震	1706～1758				○		
	4	論語補注三卷	同治七年刊本	劉開	1781～1821				○		
	5	論語經正錄二十卷	光緒二十年刊本	王肇晉	1816～1885				○		
	6	論語時習錄五卷	煙霞草堂遺書本	劉光蕡	1843～1903				○		
	7	論語衍義十卷	姚氏墨君軒藏本	姚紹崇							國立編譯館
	8	論語述注十六卷	同治十三年刊本	王景賢							國立編譯館
	9	論語比一卷	光緒三年刊本	沈道寬							國立編譯館
	10	論語贅解二卷	光緒十三年刊本	秦東來							國立編譯館

類別	編號	書　　名	版　　本	作　者	生卒年	收錄 四庫全書	清經解	續清經解	論語集成	叢書集成 新編◎ 續編○	備　註
漢宋	1	論語傳注二卷附傳注問一卷	顏李叢書本	李　塨	1659～1733				○		
	2	論語說四卷	金陵叢書本	程延祚	1691～1767					○	
	3	論語注參二卷	涇川叢書本	趙良猶	1729～1762				○	◎	
	4	論語附記二卷	畿輔叢書本	翁方綱	1733～1818				○	◎	
	5	論語餘說一卷	崔東壁遺書本	崔　述	1740～1816				○		
	6	論語駢枝一卷	廣雅書局刊本	劉台拱	1751～1805				○	○	
	7	論語集注旁證二十卷	同治十一年刊本	梁章鉅	1775～1849				○		
	8	論語後案二十卷	浙江書局刊本	黃式三	1789～1862				○		
	9	明明子論語集解義疏二十卷	四明叢書本	胡　夤	1812～？					○	
	10	論語述義十卷	咸豐十年刊木	姚永樸							國立編譯館
	11	論語說約二卷	衡山思誠室刊本	聶鎬敏							國立編譯館
	12	朱子論語集注訓詁考二卷	浙江書局刊本	潘衍桐					○		
	13	論語注解辨訂二十一卷	民國七年桂林排印本	劉名譽							國立編譯館
其他	1	論語詩一卷	西堂全集本	尤　桐	1618～1704						國立編譯館
	2	論語小言一卷	第一樓叢書本	俞　樾	1821～1906						國立編譯館
	3	論語說二卷	光緒二年刊本	畢　梅							國立編譯館
	4	增訂二論詳解四卷	狀元閣刊本	劉　忠							國立編譯館
	5	論語話解十卷	湖南洋務局刊本	陳　溶					○		

〔說明〕

1. 各書排列順序蓋依作者出生年代爲準，年代未明者附於各類之末。

2. 「類別」及「編號」與第四、五、六章所論述者同。

3. 「版本」以今所見者爲準。

4. 「收錄」部分「叢書集成新編、續編」爲新文豐版，國立編譯館四書編審委員會所收者，則於備註欄中註明「國立編譯館」。

第二節　未見書目

編號	作者	書名	著錄										備註
			清史藝文志藝文	重修清志	藝文總志	國學圖書總目	叢書子目類編	販書偶記	續販書偶記	續四庫提要	續清經籍考	編譯館四書存目	
1	丁大椿	來復堂論語講義										○	
2	丁晏	論語集注附考一卷	○	○	○								
3	丁楘五	校刻篆文論語考證二卷附錄一卷			○					○		○	
4	于鬯	新定魯論語述二十卷		○	○		○					○	
5	于鬯	鄉黨補義一卷		○	○		○					○	
6	于光華	論語讀										○	
7	文暢	論語別注										○	
8	卞浮	論語小箋										○	
9	卞斌	論語注釋										○	
10	尹侗陽	論語箋										○	
11	尤侗	續論語										○	
12	毛奇齡	論語何氏集解補疏										○	
13	王塗	鄉黨正義										○	
14	王又僕	論語廣義		○	○		○					○	
15	包慎言	論語溫故錄										○	
16	石蘊玉	讀論語質疑一卷	○	○	○	○		○			○	○	
17	史夢蘭	論語翼注駢枝二卷			○				○			○	
18	左僑林	論語古韻										○	
19	成僎	鄉黨備考二卷			○			○				○	
20	成蓉鏡	論語論仁辨一卷		○	○			○				○	
21	任瑗	論語困知錄										○	
22	艾暢	論語別注四			○				○			○	
23	江永	論語瑣言										○	
24	朱孔彰	論語漢注										○	
25	朱爲弼	論語經解二卷		○	○		○					○	
26	朱振采	駁鄉黨圖考										○	
27	狄子奇	鄉黨圖考辨疑										○	

編號	作者	書名	著錄					錄					備註
			清史藝文藝	重修清志	藝文總志	國學圖書總目	叢書子目類編	販書偶記	續販書偶記	續四庫提要	續清經籍考	編譯館四書存目	
28	宋翔鳳	論語發微一卷			○			○				○	鄭堂記
29	何綸錦	論語直旨		○	○		○	○		○		○	
30	沈近思	論語隅見錄										○	
31	沈清旭	論語謬解二集二卷補遺一卷			○				○			○	
32	汪文臺	論語外傳										○	
33	吳莊	論語評八卷			○			○				○	
34	吳敏樹	論語考異訂										○	
35	吳德旋	論語隨筆										○	
36	李灝	論語疑問十卷			○				○			○	
37	李崇崙	論語彙讀十卷				○							
38	李弘明	論語測疑										○	
39	芮城	論語瓠瓜錄										○	
40	邵向榮	論語說										○	
41	林愈蕃	論語讀朱求是編二十卷			○				○			○	
42	周恩煦	論語正義										○	
43	屈大均	論語高士傳											禁燬書目
44	姜國伊	論語述注										○	
45	洪榜	論語古義錄										○	
46	洪士佺	鄉黨爵錄考辨二卷			○				○			○	
47	姚凱元	論語校議殘本一卷			○			○		○			
48	姚循德	論語密解大全										○	
49	范泰衡	讀論語記										○	
50	胡薰	鄉黨義考一卷			○	○				○		○	
51	范爾梅	論語札記二卷		○	○		○						
52	胡匡衷	論語古本正義										○	
53	胡匡衷	論語補箋										○	
54	胡紹勳	論語箋異										○	
55	桑調元	論語說二卷	○	○	○							○	四庫存目
56	宦懋庸	論語稽二十卷			○			○		○		○	
57	唐兆扶	論語膚說一卷			○					○		○	
58	高崇志	鄉黨義證二卷			○				○			○	

編號	作者	書名	清史藝文藝	重修清志	藝文總志	國學圖書總目	叢書子目類編	販書偶記	續販書偶記	續四庫提要	續清經籍考	編譯館四書存目	備註
						著　　　　　錄							
59	高澍然	論語私記										○	
60	馬時芳	論語義疏二十卷			○		○	○				○	
61	馬微謦	論語正蒙										○	
62	孫承澤	論語或問錄要										○	
63	孫喬年	讀論語										○	
64	孫詒讓 汪宗沂	論語正義校記										○	
65	徐　復	論語疏證										○	
66	徐述夔	論語摘要										○	禁燬書目
67	凌鳴喈	論語解義二十卷敘說一卷	○		○	○	○				○	○	
68	畢憲曾	論語廣注二卷			○				○	○		○	鄭堂記
69	崔　紀	論語溫知錄二卷			○	○						○	四庫存目
70	崔　暕	論語參注										○	
71	莊述祖	論語集解別記										○	
72	郭翹楚	論語弟子章養正說										○	
73	許　珏	論語要略一卷			○			○				○	
74	許　瀚	論語附錄一卷			○			○				○	
75	陳　鱣	論語經典通考一卷									○		
76	陳　榘	鄉黨俟正一卷			○			○				○	
77	陳世鎔	論語俟一卷	○		○		○						
78	陳宗誼	讀論語日記一卷			○			○				○	
79	陳期年	讀論語日記一卷			○			○				○	
80	陸文籀	論語經典通考					○						
81	張　沐	論語疏略二十卷	○		○		○						
82	張　澍	論語異文集覽四卷	○		○		○						
83	張文林	論語分類二十六卷附錄一卷			○			○					
84	張秉直	論語緒言										○	
85	辜天佑	論語古注集說平議二十卷			○			○					
86	喬松年	論語淺解四卷		○	○		○	○				○	
87	盛大謨	論語聞一卷		○	○		○		○			○	
88	傅貞基	論語裘四卷				○						○	

編號	作 者	書 名	清史藝文藝	重修清志	藝文總志	國學圖書總目	叢書子目類編	販書偶記	續販書偶記	續四庫提要	續清經籍考	編譯館四書存目	備 註
89	傅錫九	論語啓蒙										○	
90	曾 鏞	曾復齋論語說										○	
91	焦廷琥	論語集解偶識										○	
92	程光國	鄉黨經傳通解二卷			○			○				○	
93	程延祚	魯論說三卷	○	○	○							○	
94	程鴻詔	論語異義										○	
95	單爲鏓	論語述義一卷續一卷		○	○			○				○	
96	黃 際	論語注釋										○	
97	黃首傑	鄉黨考一卷			○			○	○			○	
98	黃勻庭	鄉黨條義六卷							○				
99	黃朝槐	何劭公論語義贅義一卷			○			○				○	
100	黃籛齡	論語別解										○	
101	董增齡	論語雅言十卷			○			○				○	
102	楊守敬	論語事實錄一卷附三卷			○			○		○		○	
103	楊廷芝	鄉黨約說一卷			○				○			○	京都漢籍目錄
104	楊京元	論語集注序說二卷			○			○				○	
105	裴希純	論語新目										○	
106	厲時中	論語新釋義										○	
107	蔡啓盛	論語窺										○	
108	潘維城	論語考										○	
109	潘德輿	論語權輿										○	
110	鄭 珍	論語三十七家注輯										○	
111	劉 槷	論語拾詁二十卷			○			○				○	
112	劉曾騄	論語分編十卷		○	○		○					○	
113	劉曾騄	論語約注二十卷					○					○	
114	劉曾騄	論語人地考										○	
115	劉傳一	鄉黨便蒙一卷（劉潮補考）			○			○				○	
116	盧 懋	論語新注										○	
117	霍禮運	論語鄉黨篇訂疑四卷			○			○	○			○	
118	閻循觀	論語譜										○	

編號	作者	書名	著錄										備註
			清史藝文藝	重修清志	藝文總志	國學圖書總目	叢書子目類編	販書偶記	續販書偶記	續四庫提要	續清經籍考	編譯館四書存目	
119	鍾懷	論語考古										○	
120	鍾文烝	魯論語一卷		○	○		○					○	
121	鍾文烝	鄉黨集說備考										○	
122	魏晉	鄉黨典義一卷			○			○			○	○	
123	魏鼎	論語匯通										○	
124	譚孝達	鄉黨類聚纂三卷				○		○		○			
125	顧成章	論語發疑四卷				○				○		○	東京漢籍目錄
126	顧廣譽	鄉黨圖考補正										○	
127	不著撰人	鄉黨習解辨										○	
128	不著撰人	鄉黨考略										○	
129	不著撰人	鄉黨集義										○	
130	不著撰人	臺灣土語論語										○	
131	不著撰人	鄉黨典義										○	
132	不著撰人	論語對偶										○	

〔說明〕

1. 各書排列順序悉依作者姓氏筆劃爲準。

2. 書目簡稱、全名對照如后：

　　重修清志（重修清史藝文志）

　　藝文總志（中國歷代藝文總志）

　　國學圖書總目（江蘇省立國學圖書館總目）

　　續清經籍考（清朝續文獻通考經籍考）

　　編譯館四書存目（國立編譯館四書注解存目及存書目錄）

3. 其它著錄書目另於備註欄中明之。

第四章 漢學派《論語》著述析論

有清一代稽古右文，超軼前朝，承晚明經學極衰之後，推崇實學，以矯空疏，是故漢學重興。尤以雍、乾之後，古書漸出，經義大明，惠、戴諸儒，爲漢學大宗，惠氏爲吳派經學開宗，衍其派者，錢坫、江聲、余蕭客等是。皖派經學，實自江、戴開宗，阮元、馮登府、徐養原、沈濤、焦循、寶應劉氏、丁晏、俞樾皆其衍緒。《四庫提要·經部總敘》云：「空說臆斷，考證必疏，於是博雅之儒，引古義以抵其隙，國初諸家，其學徵實不誣，及其弊也瑣。」此清代漢學家之寫照也。是章於此派《論語》著述略分四節以述之。曰傳注類者，凡采漢魏舊說，爲全本《論語》訓詁說解者屬之。曰考證類者，凡考其名物、制度、文字異同，摘要論之者屬之。曰義理類者，常州今文經學家，乃專明微言大義者，而焦循補疏、俞樾續駢枝等非今文學派，但亦漢學之治義理者，並附於此節。曰輯佚類者，蓋輯佚學乃清代漢學另一大成就也，唯其目繁多，本節但取有關《論語》之屬，序而錄之，以附其末焉。

第一節 傳注類

一、陳鱣《論語古訓》

陳鱣，字仲魚，號簡莊，別名河莊，浙江海寧人，生於乾隆十八年（1753），卒於嘉慶二十二年（1798），嘉慶三年舉人。阮文達稱其經學在浙西諸生中爲最深，先生博學好古，彊於記誦，尤專心訓詁之學，成《說文正義》一書。治經宗康成。性好藏書，與同里吳騫、黃丕烈，互相傳鈔，校勘精審，晚築講舍於紫薇山麓，一意撰述。主要經學著作有《孝經鄭注》一卷、《六藝論》一卷、《鄭君紀年》一卷、《論語古訓》十卷、《石經說》六卷、《經籍跋文》一卷等。

《論語古訓》十卷，乾隆五十九年（1794）浙江書局刊本，書首有阮元序及鱣

自序，並附有〈論語敍〉（《左傳正義》引作〈鄭某注論語敍〉）及〈論語孔子弟子目錄〉。

本書之作，旨在保存漢代經師之遺義，所收以《集解》爲本，于《集解》所載之外，旁搜遺說以附益之，輯爲十卷。「古訓」者，以別於今也。其重要之編例，據陳鱣自序中所述約有下列諸項：

（一）凡經文從邢昺《正義》本，而以漢唐石經、皇侃《義疏》、高麗《集解》本、《經典釋文》及日本山井鼎七經孟子考異物觀補遺校注于下，或見于它書，亦間爲援證。

（二）邢本《集解》舛謬良多，甚將語助字刪削，致文義不屬，今則從皇本、高麗本也。

（三）孔注古論，據何晏敍，世既不傳，《集解》所采說多不類，且與《說文解字》稱《論語》古文不合，反不如包氏章句之古，疑爲後人假託，特與《尚書》傳又異，故從《集解》存之。

（四）鄭康成漢世大儒，故《集解》之外蒐集鄭說獨多。

（五）馬融，鄭之師也；王肅，難鄭者也；存馬、王之說，以助發明鄭注也。

（六）凡引諸說，或稱官，從鄭注《周禮》書鄭司農鄭大夫例也；或稱字，從鄭注書杜子春例也。

以上乃本書體例之大要。至於是書之優點，阮元於敍中曾有條列，略述於後：

（一）「書云：孝乎惟孝，友于兄弟。包讀孝于惟孝」句：漢石經及《白虎通義》等書所引並同，乃知「乎」爲「于」字之訛，白（白虎通）訛爲「乎」，乃讀乎字，句則孝乎既爲不詞，而以孝加于兄弟，文亦不類。

（二）「繪事後素」：鄭曰先布眾色，然後以素分其間以成文，此與〈考工記〉「繪畫之事後素功」合。若謂素上施采，則古人繪事施諸衣服旌旗，不皆以素爲質。

（三）「射不主皮，爲力不同科」：馬曰「爲力，爲力役之事也」，此與射對言，若解作釋禮文，則射不主皮，出于鄉射禮記，記乃孔子之徒所述，何得孔子爲之釋歟？

（四）「何有於我哉」：鄭曰人無是行于我，我獨有之，此與聖仁章合。

以上四點乃阮元於序中許其爲善者，此外《續四庫提要》亦另列舉若干條以讚鱣所徵引及考證，簡而不蕪，尤其善也，茲不贅述。

陳鱣《古訓》之作，確有許多裨益學者之處，吾人由《古訓》進而求之，可以得知《論語》之精微，識聖學之愔趣，故知其功不僅在章句訓詁而已，倘能由明訓

詁而進窺聖人大旨，其所以益身心而正性命者，非淺小矣。然《古訓》之書仍不免有瑕，其在當時學者或不以爲意，然以今日觀之，恐易引起不便者，蓋有二端。一者，是書合原《論語》二篇而爲一卷，每章或因《集解》而分爲若干句，除注文低一格外，經文皆以一句割裂而條陳，遂致篇章無從分別，前章之末句與次章之首句，苟無「某曰」者，便易致混淆，此不便一也。又本書今見者爲乾隆五十九年（1794）浙江書局刊本（《論語集成》收錄），其中頗多「古文」，爲今所罕用者，如：

　　○ 父「沒」觀其行——「沒」（卷一〈學而〉篇）
　　○ 今之孝者是謂能「養」——「養」（卷一〈爲政〉篇）
　　○ 君子「去」仁「——「去」（卷二〈里仁〉篇）
　　○「深」責之辭也——「深」（卷三〈公冶長〉篇）
　　○ 包曰果「敢」決斷也——「敢」（卷三〈雍也〉篇）
　　○ 孔曰「更」爲子貢說仁者之行——「更」（卷三〈雍也〉篇）
　　○ 子曰丘也「幸」苟有過人必知之——「幸」（卷四〈述而〉篇）
　　○ 動容貌斯遠「暴」慢矣——「暴」（卷四〈述而〉篇）

以上所舉僅其部分，其它如「使」（使）、「得」（得）、「死」（死）、「莫」（莫）、「兩」（兩）……實不勝枚舉，蓋本書名曰「古訓」，又以保存漢代經師遺說爲主旨，故「古文」亦爲其保存之範圍，唯以今人讀之，非略識古文學者，恐有章句難明之處，此其不便之二也。

二、劉寶楠《論語正義》

　　劉寶楠，字楚楨，號念樓，別名孝獻先生。江蘇寶應人，生於乾隆五十六年（1791），卒於咸豐五年（1855），道光二十年進士。父履恂，舉人，國子監典簿，著有《秋槎雜記》。先生五歲而孤，母僑教育之。始從端臨（台拱）請業，以學行聞鄉里，爲諸生時，與儀徵劉文淇齊名，稱揚州二劉。成進士，授直隸文安、寶抵、固安、元氏、三河知縣，有政聲。先生於經初治毛《詩》、鄭氏《禮》；後專一《論語》，著《論語正義》，因官事繁未卒業，命子恭冕續成之。其它經學著作尚有《毛詩注疏》、《禮記注疏》、《經義旁通》、《鄭氏釋經》等。

　　《論語正義》二十四卷，今傳有淮南書局刊本（《論語集成》）、《續清經解》本（中華書局）、世界書局排印本等。卷首有子恭冕所述〈凡例〉一篇，卷末有〈後敘〉一篇。是編成書之因由，恭冕於〈後敘〉中述之詳矣，約之蓋有遠因及近因二者。遠因有三，一謂《論語》之編纂成書，非全然孔子沒後，弟子始共撰述，乃曾子、子思、孟子、荀子皆曾著書，共同發明先聖之道，而後代注家未能及之。二於漢人

注中，特推崇鄭康成最善《禮》，然何晏《集解》於鄭注多所刪佚，而僞孔王肅之說反藉以存，皇侃又依之爲疏而多涉清玄，略於名物訓詁；邢疏更依文衍義，未足取也。三以本朝注家雖彬彬可觀，然於義疏之作卻尙未遑。基於上述三由，劉氏乃亟於另著一義疏之作，以補歷代注疏之不足，此其遠因也。又有近因者，〈後敍〉云：

> 道光戊子，先君子應省試，與儀徵劉文淇、江都梅先生植之、涇包先生慎言、丹徒柳先生興恩、句容陳丈之始爲約各治一經，加以疏證，先君子發策得論《論語》。自是屛棄他務，專精致思，依焦氏作《孟子正義》之法，先爲長編得數十巨冊，次乃薈萃而折衷之，不爲專己之學，亦不欲分漢宋門戶之見，凡以發揮聖道，證明典禮，期於實事求是而已。

此則其近因也。綜言之，《論語正義》之成書，大抵爲「病皇疏蕪陋，乃蒐輯漢儒舊說，益以宋儒長義，及近世儒家，仿焦循《孟子正義》例，先爲長編，次乃薈萃而折衷之」（《清儒學案》卷一百零六），如是以成。

是編體例，見於卷首之凡例八條，茲擇要錄於后：

一、經文注文從邢疏本。其他文字異同，如漢唐宋石經及皇侃疏，陸德明《釋文》所載各本，咸列於疏。

二、注用《集解》者，所以存魏晉人著錄之舊，而鄭君遺注悉載疏內。

三、鄭注久佚，近時惠氏棟、陳氏鱣、臧氏庸、宋氏翔鳳咸有輯本，於《集解》外，徵引頗多，雖拾殘補闕，聯綴之跡，非其本眞，而舍是則無可依據，今悉詳載。

四、漢人解義，存者無幾，必當詳載，至皇氏疏、陸氏音義所載魏晉人以後各說，精駁互見，不敢備引，唐宋後著述益多，尤宜擇取。

五、諸儒說經，有一義之中，是非錯見，但采其善而不著其名，則嫌於掠美，若備引其說，而并加駁難，又嫌於葛藤。故今所輯，舍短從長，同於節取，或祇撮大要爲某某說。

從上述凡例中，已可概見《正義》立言之要旨，亦可見其廣采眾書，網羅眾說，以成一家之言，此等功夫既非日月可就，更非三五載可成，無怪乎其歷經父子二代，爲時三十八載方成此鉅著，誠屬不易矣！

至其內容之特色，據李紹戶先生之分析〔註1〕，謂是編取材繁富，然所重乃在名物訓詁及版本異文之考訂。茲分四點以述之：

（一）**遍釋字義**：其他注本解文說字，多於要緊之文字，予以注釋，而《正義》

〔註1〕參見李紹戶先生撰〈劉寶楠論語正義評述〉上、下，《建設月刊》第二十四卷第四、五期。

則非特於本經文字遍予注釋，即《集解》注文，亦多引字書以詳釋。如首章「子曰學而時習之，不亦說乎」，《正義》之注釋經文分別自「曰」「學」「時習」「之」「不亦說乎」，皆詳加注釋，然後於《集解》馬曰云云，亦詳加疏釋，除經文「而」字外，幾無所遺漏矣。

　　（二）**詳釋名物**：漢學家固以徵實之功爲其所長，而徵實之學須泛覽群書，廣集資料，然後裁決取舍，批駁從違，非盡抄書之所能爲也。如〈先進〉篇「魯人爲長府」章，乃廣引諸家之說，包括閻若璩《釋地》、翟灝《考異》、凌鳴皆《解義》、包慎言《溫故錄》、《後漢書·郎顗傳》等，羅列眾說，文長數百言，以別其異同，審其是非。又「子曰道千乘之國」一節，乃以二千七百餘字之長文而爲說解，可謂詳之有過矣。

　　（三）**辨明禮儀**：是編於〈八佾〉篇分爲二卷，〈鄉黨〉篇分爲四卷，蓋此二篇多言禮樂制度，正漢學家之所長也，故其於〈鄉黨〉所得者亦多，如「問於他邦，再拜而送之」節云：

> 再拜，即禮之空首。鄭注大祝，以空首爲拜，頭至手。段氏玉裁釋拜，以空首爲跪而拱手，首俯至手，故對稽首之頭著地者爲空首。王氏聶正義以空首爲首俯而不至手，首與尻平，故荀卿言平衡曰拜，但以手據地。故曰拜手，其首空懸，故曰空首。三說不同，以王爲允。王又云：經中不見有空首之文。以或言拜，或言拜手，皆空手也。據王說，則此文再拜，當爲空首之再拜矣！大祝：七曰奇拜，八曰褒拜。鄭大夫云：奇拜謂一拜也，褒讀爲報，報拜，再拜是也。凡拜有奇有耦。耦者尤爲敬也。曲禮：君使反，則拜送於門外，已使歸，則下堂而受命。已使卑於君，受命既在堂下，異於君使反送之禮矣！少儀：凡膳告於君子，主人展之，以授使者於阼階之南，南面再拜稽首送，是拜送不出門，以彼例此，知亦不出門矣！江氏永圖考曰：其時使者不答拜。鄭注儀禮云：凡爲人使，不當其禮。是也。

〈後敘〉所謂「漢人注者惟鄭康成最善言《禮》」，故此節即以鄭注爲本，旁采多家而爲申明，不厭其煩，但求詳備，此其特重禮儀之證也。

　　（四）**考校異文**：關於《論語》版本之考校，有翟灝《四書考異》、阮元《十三經注疏校勘記》、馮登府《論語異文考證》等專書，然注解本於異文之考校，則惟《正義》爲詳備。如「子禽問於子貢」章云：

> 《隸釋》載漢石經《論語》殘碑，凡子貢皆作子贛。求之與抑與之與者，漢石經「抑與」鄭注作「意予」。《釋文》引《韓詩》云：抑，意也。則抑、意音近義同，故二文互用。與猶言告也，石經作予，亦通用字，宋

石經避諱，凡讓字作遜。皇本作「其諸異乎人之求之與也」。

夫異文之考校可助學者使不囿於一隅之見，而求其更適當之解，其功亦巨矣，是編能廣采諸書，詳備各說，令讀者受益匪淺矣。

上述乃《正義》之特色所在，然是編雖云廣博，亦不免疏失之處，李紹戶先生所列《正義》之疏失，可爲參考（見同注一）：

一、魏晉時人舊說，有可存與不可存者，此不待辨而可信之也，劉氏爲存古義，概予備錄，雖有未宜，尚亦無可厚非。然而，爲集解注文，常廣引字書以釋之，致解經與解注相葛藤不清，此其失也。

二、鄭君康成，集今古文之大成，鄭君解義，詳予載錄，有助參考，用意至善。惟惠棟等所輯者，既知爲聯綴而非本眞，亦予詳載，則有貪多務得之嫌。梁任公《清代學術概論》嘗評惠棟一派漢學曰：「不問眞不眞，惟問漢不漢，以此治學，安能通方？」劉氏於此之處，實非得體。

三、一義之中，有是非錯見者，《正義》彙引諸家之說，或當下批駁，或「是也」數出，案語之運用，失於糾纏疏於條分。

四、宋明諸儒之說，劉氏似有所輕，甚少引述，若「唐宋後著述益多，尤宜擇取」，而清人之說，何不厭其詳而長篇引述？後敍謂「不欲分漢宋門戶之說」者，實非本眞之語。蓋劉氏《正義》乃集漢學解義之大成者，亦漢宋壁壘最分明之注本也。〔註2〕

五、《論語》注本，解名物、釋字義是一層功夫，體經旨、通義理又是一層功夫。於訓詁名物之際，可謂詳矣，義理則未造精微。

上列李氏之評語尙屬客觀，惟解名物、考制度亦非易事，是編規模宏大，取材豐富，古來各家注《論語》者，未有能如《正義》者，讀其書自不應因其所失而輕其所得也。故後世對其書之評價皆能深中肯綮：梁任公《要籍解讀及其讀法》云：

清劉寶楠《論語正義》，最精博，但太繁，非專家研究者不必讀。

錢穆《論語要略》云：

劉寶楠《論語正義》，可以代表清儒對《論語》之見解。……學者當平心參觀，乃可以兼其長而略其短。

吾人依此以觀《正義》之作，亦可以獲其益而免其弊矣！

〔註2〕《論語正義》之歸類，傅武光《四書學考》歸於溝通漢宋之部；支偉成〈樸學大師列傳〉則將劉氏父子歸於「皖派經學家列傳」，未入「漢宋兼采派」；今據李紹戶之說，則劉寶楠《正義》仍以歸於漢學派爲宜。

三、梁廷枏《論語古解》

梁廷枏，字章冉，號藤花亭主人，廣東順德人。生於嘉慶元年（1796），卒於咸豐十一年（1861），道光十四年副貢生。官澄海縣訓導，先世好聚圖籍，先生少孤，性穎悟，成童時即盡讀父書，下筆有奇氣，稍長益肆力於學，阮文達督粵時，深為器重。道光中，海氛不靖，大吏聘修海防彙覽，林文忠則徐來粵，詢以籌防守戰事宜，先生為規劃形勢，繪海防圖以進，後歷任粵督者，並聘入幕中，襄辦團練，咸豐元年保荐內閣中書，加侍讀銜。主要經學著作有《論語古解》十卷。

《論語古解》十卷，藤花亭十五種本。卷首有道光三年梁氏自序，序云：

> 今夏溫《論語》畢取自漢訖唐三十餘家之說，摘與朱子《集註》異者，依次排纂，彙得十卷，名曰古解。既卒業，客見而詆之曰：《集註》純粹精當，今所引乃與之異，不蛇足與，古將奚益？廷枏曰：不然，朱子之撰精義也，或問凡說之行世而不列此者，皆無取已乎？曰漢魏諸儒正音讀、通訓詁、考制度、辨名物，其功博矣，特所以求聖賢之意在彼不在此，推斯言而論諸儒之見，雖非盡大醇無疵，然未嘗不足為學者廣見聞之一助，況其中又多可與宋儒互相發明，即科舉家亦所不能盡廢。

由此可見世人對《集註》崇奉至高，凡有異於《集註》者，每視若不類，梁氏則獨排眾議，不拘於朱注而傾心於古注，遂取漢唐三十餘家之說，大抵以何晏《集解》、皇侃疏及邢昺疏為主，而皇疏尤所多采，皆與朱注說異者，輯而成帙，間附案語以為溝通。其所以多采皇疏之故，乃因江熙（大和）所集十三家中，如衛瓘、繆播、欒肇、郭象、李允、孫綽各有專著而皆不傳，今只散見於皇氏《義疏》，然皇疏宋時已佚，朱子未及見之，無從徵引。乃至清初朱竹垞、毛西河雖稱博極群籍，亦未獲一見皇疏而詳論之。梁氏幸逢其復出之後，故獨衷於皇疏，而多所采錄，此其因也。然是編但為辨別朱注與古注之異說耳，故僅列各家之注而罕有發明，吾人可就此以知《集註》與古注之所分別，進而探求古注之精義所在，以明漢唐舊注之特色，非欲強分門戶，乃正所以各取所長，互補其短耳，斯亦即梁氏成就此編之用意矣！

四、俞樾《論語鄭義》

俞樾，字蔭甫號曲園，浙江德清人，生於道光元年（1821），卒於光緒三十二年（1850）。道光三十年進士，改庶吉士，授翰林院編修，咸豐五年為河南學政，七年以御史曹登庸奏劾罷職。既返初服，一意著述。先生罷官後，主講蘇州紫陽、上海求是書院，而主杭州詁經精舍三十餘年，課士一依阮文達成法，著籍門下者甚眾。自少即有著述之志，中歲以後，纂輯尤勤。先生說經之作甚多，而於《易》尤深，

嘗說：「治經之道，大要有三：正句讀、審字義、通古文假借，三者之中，通假借為尤要。」先生之學以高郵王氏為宗，發明故訓，是正文字，而務為廣博，旁及百家，著述閎富，同光之間，蔚然為東南大師，所著凡五百餘卷，統曰《春在堂全書》。

《論語鄭義》一卷，俞樓雜纂本。卷首有俞氏小序云：

> 鄭康成就魯論考之齊古，為《論注》十卷，《論語》之學以鄭為主，孔安國傳真偽難明，未足深據。乃鄭注《論語》不傳，何晏《集解》所採外，散佚多矣，余讀詩箋、禮注，往往有及《論語》者，輒刺取之以存鄭學。

今存《論語》注本以何晏《集解》所載孔安國注為最古，然丁晏及沈濤皆已著書疑其偽。〔註3〕鄭玄之《論語》注向為學者所重，故是編乃於《集解》之外，就鄭玄詩箋、禮注，言及《論語》者，摘取之，間下己意，以闡明鄭義。然所謂言及《論語》者，實乃鄭玄引《論語》文以為詩箋、禮注之證，而發明《詩》、《禮》之義者也，如「君子喻於義小人喻於利」云：

> 《詩·瞻卬篇》：「如賈三倍，君子是識」，箋云：「識知也，賈物而有三倍之利，小人所宜知也，君子反知之，非其宜也。孔子曰：君子喻於義，小人喻於利。」（俞樾）按：君子小人以位言，此是古義，董子曰：皇皇求財利，常恐乏匱者，庶人之意也，皇皇求仁義，常恐不能化民者，大夫之意也，即此章確詁。

鄭玄以賈物有三倍之利，小人宜知，君子非其宜，乃引《論語》「君子喻於義，小人喻於利」以證其說。俞樾則更引董子之言，以明君子小人蓋以位言，此乃古義，後儒專以人品言君子小人，非古義矣。此外亦有雖不引《論語》，實即《論語》之義者，如「不憤不啟不悱不發」云：

> 《禮記·學記篇》：「時觀而弗語存其心也。」注曰：「使之悱悱憤憤，然後啟發也。」（俞樾）按：此雖不引《論語》，實即《論語》義也，《集解》引鄭注與此正合。

按何晏《集解》所引鄭注云：

> 孔子與人言，必待其人心憤憤，口悱悱，乃後啟發為之說也，如此則識思之深也。

《集解》所引與《禮記》鄭箋實同，故從是編所輯，有助於瞭解鄭玄《論語》注之原貌，更由詩箋、禮注之文中，可一窺鄭義說解《論語》之精神所在，正所謂「以

〔註3〕丁晏著《論語孔注證偽》二卷，主張孔注乃王肅所偽撰；沈濤著《論語孔注辨偽》二卷，主張孔注乃何晏所偽造。參第四章第二節，〔附〕辨偽類。

經解經」之法，亦是說經之一善途也。

五、俞樾《論語古注擇從》

《論語古注擇從》一卷，俞樓雜纂本。卷首有俞氏小序云：

> 自《論語》集注行而古注束高閣矣，然古注自有不可廢者，孔子云，擇其善者而從之，本此意以讀古注，是在信而好古者。

是編名爲《古注擇從》，蓋擇古注之善者而從之，而實亦多所是正朱注之謬失，故名爲從古，實乃非朱，如「傳不習乎」條云：

> 《集解》曰：「言凡所傳之事，得無素不講習而傳之。」按上文爲人謀、與朋友交，皆是與人相接之事，則此句自以古注爲善。傳謂傳之於人也，傳之於人必先習之於己，不習而傳，是道聽而塗說也，君子恥之。若如朱注，傳謂受之於師，則此句只是學問自修之事，與上二句不一律矣！

此條從《集解》之說，傳謂傳之於人，並非朱注所謂受之於師也。又如「信近於義言可復也，恭近於禮遠恥辱也」云：

> 《集解》曰：「復猶覆也，義不必信，信非義也，以其言可反復，故曰近義。恭不合禮，非禮也，以其能遠恥辱，故曰近禮也。」按經文兩言近，凡言近者，皆近似之謂。而朱注云「約信而合其宜，致恭而中其節」，夫合其宜則竟是義矣，中其節則竟是禮矣，何言近乎？朱注亦云「好學非知，力行非仁，知恥非勇」，然則此文兩近字義與彼同，不得以近義爲即是義，近禮爲即是禮也，此當從古注爲善。

由上舉二例可以略知俞氏之論點，而其他各條亦多類此，一則采從古注，一則藉此以非朱也。俞氏博學多聞，唯漢儒是從，其所擇從於古注，非詆於朱者，大多持之有故，言之成理，尚屬可信。唯是編小序所言「孔子云擇其善者而從之」，「是在信而好古」，故其所擇從者，應皆屬信而善者。然前編《論語鄭義》小序嘗謂「孔安國傳眞僞難明，未足深據」，而是編所擇從之古注凡二十九條，其中屬孔安國注者竟達十三條之多，幾近一半之譜，前編既云「眞僞難明，未足深據」，此編卻以近半之幅而采其說，果其信而善乎？抑「眞僞難明，未足深據」乎？其前後不一，只令後人益增困惑，是其微疵也。今錄數則以見其說之一斑：

○「學則不固」：孔曰固蔽也。

按此當以孔注爲善。(此俞氏語，後同)

○「子貢曰：詩云如切如磋如琢如磨，其斯之謂與」：孔曰能貧樂道，富而好禮者，能自砌磋琢磨。

孔注但曰能貧而樂道，富而好禮者，能自切磋琢磨，語簡而意已盡，古注之似淺而實深如此，讀者不可不察。

○「惡徼以爲知者」：孔曰徼抄也，抄人意以爲己有。

朱注訓徼爲伺察，則與下文訐爲攻發人之陰私，雖同意不同辭而皆主於得人之陰私，轉無區別，不如孔注之善也。

○「喪致乎哀而止」：孔曰毀不滅性。

按孔注以《孝經》解《論語》自是確詁。

觀以上數例中，俞氏於孔注之眞僞問題並未論及，反亟言其善，如是之例達十餘條，其中固非全然於義無可取，唯當有所交待，以明前編所謂「眞僞難明，未足深據」者，與此編所采者何別，以昭其信，免相矛盾，如是則或可自圓其說矣。

六、王闓運《論語訓》

王闓運，字壬秋，一字壬父，號湘綺老人，湖南湘潭人。生於道光十三年（1833），卒於民國五年（1916）。補諸生，舉鄉試，才名漸著。篤志苦學，致力於詩、禮、春秋。時值洪楊事起，走依曾國藩軍。自後歷主校經、船山諸書院，及江西大學堂講習，從游者甚眾。宣統間岑春煊上其所著書，賜翰林院檢討，晉侍讀，入民國嘗任國史館館長，尋卒。經學著作有《周易說》十一卷、《尚書箋》三十卷、《尚書大傳補注》七卷、《詩經補箋》二十卷、《禮經箋》十七卷、《周官箋》六卷、《禮記箋》四十六卷、《春秋公羊傳箋》十一卷、《論語訓》二卷、《爾雅集解》十九卷，凡皆簡要，而兼采今古。

《論語訓》二卷，湘綺樓全書本。卷首有王氏自序，序云：

《論語》者蓋六藝之菁華，百家之準的，其義多本於《春秋》，其言實通於上下。儒學既盛，傳注益繁，漢晉分其章，宋明衍其理。皇儒考其典，經歷廣遠，庶幾備矣。然以詞句易暸，讀者忽之，兼經師質實未達修辭，弟子庸下，罕知詰難，言皆如淺則思不暇詳。

王氏序中數語似對歷代經師弟子皆有所不滿，謂其「未達修辭」、「罕知詰難」，自視甚高，故江瀚於《續四庫提要》中已譏之曰「其辭不遜」。王氏又進而列舉俗儒之十蔽，而於經文有所誤解者，如「夫君禘大禮而曰吾不欲觀」、「開國聖樂而曰武未盡善」云云，乃駁之曰：

若此之類，其言實愚，訓詁乖互，有傷宏旨，其餘疵纇，又益猥多，鮮克致疑，豈誠不惑，蓋務大遺小，好博不研，繆解相傳，問津無日。今之說者，又有二誤，以爲聖師則忘其分位，身甘窮老，則見等鄉儒，豈知

聖師無專輒之言，問答必經綸之語。闓運幼攻帖括，少習詞章，頗聞通塞
之由，粗知能所之用，既命學徒采輯古今所傳以廣集解，又下己意通其所
蔽，命曰《論語訓》。

王氏此序成於光緒十七年（1891），時年五十八歲也。是編內容蓋以《集解》為本，
或下以己意以申《集解》未盡之處，或旁采他說以附益之。唯所錄大抵承襲舊說，無
甚發明，其所下己意者，每每好為異說，仍無深意，如〈為政〉篇「思無邪」訓云：

邪餘古今字，詩三百篇孔子所定，時有疑其少者，故明其思無餘義，
言人事浹王道備也。云一言蔽者，欲人思之，誦而不思，多亦無益，凡思
未有教以無邪者，且詩本詠焉思焉，無所謂邪正，詩之無邪又不待言。

案王氏此說本於江聲《論語俟質》，而未明言之也，江氏云：

衺从衣，牙聲。流俗輒以邪代之，邪乃琅邪郡名。又俗稱父為邪，又
為語餘聲，皆音弋奢反，無不正之義，音義皆失矣。

江氏但謂「邪」為「衺」之誤，未云「邪餘古今字」也。程樹德《論語集釋》引《鄭
氏述要》謂：「邪徐二字古通用」，然則王闓運「邪餘古今字」之說，或即「徐」字
之誤，不然，則未知其何所本也。江瀚《續四庫提要》譏之曰：「不惟語無左證，義
亦未安。」是中肯語也。它如「女為君子儒無為小人儒」（〈雍也〉篇）、「子見南子」
（〈雍也〉篇）、「三年學不至於穀」（〈泰伯〉篇）諸章，其說雖新，然皆不篤舊注之
善，蓋闓運解經，喜逞臆說，凡此之類，讀者宜慎焉。

七、潘維城《論語古注集箋》

潘維城，字婺如，江蘇吳縣人，生卒年未詳。初從同里夏文燾游，繼受業於李
四香（銳），為錢潛研（大昕）再傳弟子，得聞經師緒論。嘗著《魯詩述故》、《群經
索隱》、《說文索隱》、《壽花廬偶錄草》各二卷。《述故》已軼，餘未寫定。又嘗以左
氏多竊古注為己說，而自為說則多謬，亦欲纂輯諸家說作箋，命子錫爵為之未成。

《論語古注集箋》十卷，《皇清經解續編》本，是編之作，乃潘氏謂《論語》為
何晏所亂，而何氏所采孔安國之注多與說文不合，知其為偽，惟鄭康成兼通古今文，
集諸儒之大成，迺絀去孔何，蒐輯鄭注，又采漢魏古義及近儒之說，為《論語古注集
箋》十卷，又為《論語考》一卷附之。《古注集箋》之得失，據江瀚《續四庫提要》云：

是書雖博采近儒之說，罕所發明，於義有不安者，亦未及駁正。如「傳
不習乎」……「繪事後素」……「女為君子儒，無為小人儒」……。

而《論語考》一卷，《皇清經解續編》本未附，於《清儒學案》卷二百「諸儒六」有
之，大旨為考證古《論》篇章各家說解之同異，所輯則為清臧琳、馮景、惠棟、錢

大昕、錢坫、李惇、吳烺雲、姜炳璋八家之說也。

　　是編名爲《古注集箋》，可知爲保存漢儒經師古注遺義，而集箋部分除漢魏諸家外，大多爲清儒之說，故亦可目爲清漢學家《論語》說之彙成，雖純駁互見，然亦可一窺全豹焉，非無助益也。

第二節　考證類

一、毛奇齡《論語稽求篇》

　　毛奇齡，字大可，號齊于，別名西河。浙江蕭山人，生於天啓三年（1623），卒於康熙五十五年（1716）。四歲母口授《大學》即成誦，總子角陳子龍爲推官，拔之冠童子軍，遂補諸生。康熙十八年應試博學鴻詞科，列二等，得疾不復出。卒後門人蔣樞編輯遺集，分經集、文集二部。經雜著凡二百三十四卷，《四庫全書》收先生所著書多至六十餘部，先生淹貫群經，所自負者在經學，著有《西河全集》（細目詳見《清儒傳略》三三頁）。

　　《論語稽求篇》七卷，《毛西河集》本，卷首有毛氏自序，略謂「《論語稽求篇》者，予歸田後復讀《論語》之所爲作也。」《四庫提要》則云：

> 　　朱子《四書章句集注》，研究文義期於愜理而止，原不以考證爲長，
> 　奇齡學博而好辯，遂旁采古義以相詰難，此攻駁《論語集注》者也。

奇齡少讀《論語》只爲科考，後因痺疾乃退而潛心著述，探求經義，遂疑諸解《論語》者多以己意強說，恐非仲尼本意，尤其針對朱熹《集注》所載，認其與聖門之所記稍有齟齬，乃名之曰「此宋儒之書，非夫子之書也。」蓋宋儒解經以義理爲重，毛氏則以爲義理隱微難明，須假事物之探索以明之，故毛氏序中又云：

> 　　如人身然，義理者，府藏也，事物者耳目也。府藏人所不見，我以爲
> 府而人必爭以爲藏，何從質辨？惟耳目昭昭在人，人有指耳而稱目，指眉
> 頰而稱頤頷者乎？義理難明則吾以事物明之，府藏難辨則吾以耳目辨之，
> 雖曰顯見既差安問微隱，然而事貴類推，蓋即耳目間而已，有如是其可疑
> 者。是以無據之言，必不以置喙，無證之事，必不以炫聽。偶有所見則必
> 使聖賢形模明明可按。

此乃毛氏治經之態度，其注重名物訓詁可見一斑。因此遂有嫌於朱熹《章句集註》改經換傳，顛倒聖言，亦病當代學《論語》者，但看朱註，忽略舊注，一有引經每不敢踰越章句，如此相沿成習，亦科舉之弊也。奇齡因輯魯論所記者，彙爲七卷，名曰「稽求」者，將欲藉考稽以求夫義類之眞是者。然誠如《四庫提要》所言，實

專爲攻駁朱子《集注》者也。

　　本書之作，固非全盤之研究，乃毛氏就其治學所及，特有心得者而彙整之，共得八十九則〔註4〕，各篇分布情況如下：

〈學而〉	五則	〈先進〉	四則
〈爲政〉	五則	〈顏淵〉	四則
〈八佾〉	九則	〈子路〉	五則
〈里仁〉	四則	〈憲問〉	十一則
〈公冶長〉	八則	〈衛靈〉	一則
〈雍也〉	六則	〈季氏〉	二則
〈述而〉	六則	〈陽貨〉	二則
〈泰伯〉	一則	〈微子〉	三則
〈子罕〉	四則	〈子張〉	二則
〈鄉黨〉	四則	〈堯曰〉	三則

　　其編例，有以一章爲一則者，計十六則，如：

　　「其爲人也孝弟章」（〈學而〉）

　　「爲政以德章」（〈爲政〉）

　　「哀公問社於宰我章」（〈八佾〉）

　　「子見南子章」（〈雍也〉）

　　「唐棣之華章」（〈子罕〉）

　　「先之勞之章」（〈子路〉）

　　……

有以一節爲一則者，計二十六則，如：

　　「有朋自遠方來節」（〈學而〉）

　　「事君數斯辱矣節」（〈里仁〉）

　　「臧文仲居蔡節」（〈公冶長〉）

　　「默而識之節」（〈述而〉）

　　「堂堂乎張也節」（〈子張〉）

　　……

有以一事一物爲一則者，其餘皆是矣，如：

　　「管氏有三歸」（〈八佾〉）

〔註4〕《孔孟月刊》第三卷第四期有楊君勵先生〈論語稽求篇讀後〉一文，謂有七十三則，非也。

「瑚璉也」（〈公冶長〉）

「不時不食」（〈鄉黨〉）

「屢空」（〈先進〉）

「盍徹乎」（〈顏淵〉）

「問子西」（〈憲問〉）

「桓公九合諸侯」（〈憲問〉）

……

以上三者應即毛氏撰寫本書之例，然而細察其中各則，頗有自亂體例者，如〈爲政〉篇「子游問孝節」云：

> 今第以養爲能事，若論養匪特子能之，即犬馬皆能之也，彼所不足者，獨敬耳。此是舊注正説，若人養犬馬，此何晏邪説之最不通者，不知朱子集注何以反遵何説而屏舊説不一及，眞不可解……。

案此則文長不及備載，而考其內容所述，涵括全章〔註 5〕，既然所論爲全章，即不應稱「子游問孝節」，當作「子游問孝章」爲是。另〈里仁〉篇「人之過也各於其黨節」云：

> 但日知仁則惟知有仁並無知不仁一邊，尹氏以仁不仁並言，程氏以厚薄愛忍並言，皆非，況可添廉貪通介種種乎？大抵黨字作類字解，指倫類言則單指爲人受過者，言受過各有類，……。

此一則內容所論亦涵括全章〔註 6〕，似不宜稱「節」，當作「人之過也各於其黨章」爲是。其它諸如「君子之於天下也節」（〈里仁〉）、「人之生也直節」（〈雍也〉）、「觚不觚節」（〈雍也〉）、「古之學者爲己節」（〈憲問〉）「周有八士節」（〈微子〉）等，皆犯此體例不一之病。察此數章皆字數較短者，莫非毛氏對章節之定義含糊，凡字少者即視爲「節」，此又不通矣。

前面所述爲毛氏此篇有關體例之混亂者，至如其內容持論是否公允，《四庫提要》稱其「有強生枝節者」、「有半是半非者」、「有全然無理者」、有「持論亦正」者，今分述如下。

《提要》云：

> 其中有強生枝節者，如古人有所師法皆謂之學，即至鱄諸學炙，秦青學謳，亦無異訓。朱子注學爲效，原無疵病。奇齡必謂學者業道之名，泛

〔註 5〕〈爲政〉篇：「子游問孝，子曰：今之孝者是謂能養，至於犬馬皆能有養，不敬，何以別乎？」

〔註 6〕〈里仁〉篇：「子曰：人之過也各於其黨，觀過斯知仁矣。」

訓作效，與工師授受何別，不知學道、學藝所學之事異，而學字不能別釋，

亦猶喻義、喻利所喻之事異，而喻字不能兩解，以此發難，未見其然。

案「學」字歷來眾說紛紜，集解引王肅曰：「學無廢業，所以爲說懌。」皇疏亦統言「學」字，並無他解。至宋儒始多所發揮，伊川先生言「所謂儒者之學是也。」（朱子文集學而說），朱熹則謂「學之爲言效也。」（集註）至清儒亦各抒其見，頗不甘寂寞，毛奇齡云：「學者道術之總名。」（《論語稽求篇》及《四書改錯》皆有之）黃式三云：「學謂讀書。」（《論語後案》）劉逢祿云：「學謂刪定六經也。」（《論語述何》）以上諸說或以「學」爲名詞，或作動詞解，或以廣義說，或以狹義說，諸說皆尚無不可，唯劉氏逢祿之義則太狹隘矣，苟謂學即刪定六經，則唯孔聖一人得而學之，一般人士何容從學，其不通固不待言也。今觀整部《論語》論學之處多至六十五處（見《論語引得》），無論「學稼」、「學爲圃」、「學詩」、「學禮」、「學道」……皆統稱爲學，眾說紛紜者，皆統攝矣，然則又何相難乎？故奇齡之責集註固屬無謂，而《提要》之評奇齡「強生枝節」，亦屬護朱太過矣！

《提要》次云：

> 有半是半非者，如非其鬼而祭之，注引季氏旅泰山固爲非類，奇齡謂鬼是人鬼，專指祖考，故曰其鬼，引《周禮・大宗伯》文爲證，謂泰山之神不可稱泰山之鬼，其說亦辨。然鬼實通指淫祀，不專言人鬼，果如奇齡之說，宋襄公用鄫子於次睢之社，傳稱淫昏之鬼者，其鬼誰之祖考邪？

毛氏《稽求篇》原文謂：

> 鬼是人鬼，謂人之爲鬼者，專指祖考言，故又曰其鬼。《周禮・大宗伯》職掌天神人鬼地祇之禮，以人鬼爲祖考是也。但非祖考則誰肯爲之祭者？《左傳》曰：「神不歆非類，民不祀非族。」非類非族正指人鬼之非祖考而猶祭者。則在春秋時亦早有以人鬼受享，如漢祀欒公，吳祀蔣侯、蜀祀武安王類。……若謂非鬼即天地山川之祭，如季氏旅泰山之類，則未聞天神稱天鬼，泰山神稱泰山之鬼者，謬矣。

案《提要》所云「半是」者，謂「本山之神不可稱泰山之鬼」，此可以《周禮・大宗伯》文爲證。至於「半非」者，蓋指奇齡所謂「鬼是人鬼，專指祖考言」此爲非也。當如《提要》所云，通指淫祀。淫祀無福，古有明訓，《禮記・曲禮》亦云：

> 天子祭天地，祭四方，祭山川，祭五祀，歲遍。諸侯方祀，祭山川，祭五祀，歲遍。大夫祭五祀，歲遍。士祭其先，凡祭有其廢之，莫敢舉也，有其舉之，莫敢廢也，非其所祭而祭之名曰淫祀，淫祀無福。

〈曲禮〉所謂「凡祭有其廢之，莫敢舉也」，倘違之，即「非其鬼而祭之」，亦即「非

其所祭而祭之名曰淫祀」，故此章之「鬼」，應即通指淫祀之鬼，非專言人鬼，《提要》所論得之，奇齡非矣。

《提要》又云：

> 有全然無理者，如無所取材，鄭康成注材為桴材，殊非事理。即牛刀
> 之戲何至於斯？朱子訓材為裁，蓋本諸韋昭《國語注》，未為無據。奇齡
> 必申康成假設之說以攻集注，不幾於侮聖言乎？

此章經文：「子曰，道不行，乘桴浮於海，從我者其由與。子路聞之喜。子曰，由也好勇過我，無所取材。」（〈公冶長〉）

何晏《集解》鄭曰：

> 子路信夫子欲行，故言好勇過我也。無所取材者，言無所取桴材也，
> 子路不解，微言戲之耳。

朱熹《集注》云：

> 桴，筏也。程子曰，浮海之歎，傷天下之無賢君也，子路勇於義，故
> 謂其能從己，皆假設之言耳，子路以為實然而喜，夫子美其勇，而譏其不
> 能裁度事理以適於義也。

案此章爭議在於「材」字，鄭注為桴之材，皇疏訓哉，朱注作裁。毛奇齡舍朱從鄭，而《提要》竟譏為「全然無理」者，毛氏云：

> 《爾雅》：桴，柎也。《國語》齊桓西征乘桴濟河，大抵皆編以為之，
> 可涉小水不可涉大川，況大曰筏小曰桴，小物大用，材更難得，此與屈原
> 〈九章〉：「乘氾柎以下流合無舟楫之自備」同意。

《四庫提要》作者於此顯有成見，蓋鄭、朱二說古來皆各持其理，未可謂孰勝孰劣，毛氏舍朱從鄭，《提要》竟指其「不幾於侮聖言乎」，言下之意，唯朱子所言得聖人真傳，他人皆否焉，亦崇朱太甚近於惑矣！實非持平之論。然此章無論鄭注或朱注皆有其據，今又得李雪廬先生另有一解，亦甚中肯，爰錄之以備一說：

> 孔子不能行道於魯，乃周遊列國，亦不能行，遂有此言，意謂乘桴於
> 海雖危險，然為行道，無所顧慮。門人中有能從我之勇者，其為仲由與。
> 子路聞此言，喜之。孔子乃曰，由也勇過於我，不合中道，然而，再取如
> 子路此種人材亦無矣。〔註7〕

此說以材作「人材」，上下文意既經消解，似可略釋前說諸惑矣！

〔註7〕 李雪廬先生諱豔，字炳南，號雪廬。生於民前22年，卒於民國75年，學貫儒釋，
嘗設《論語》講筵，弟子徐自民先生彙整錄之，曰《論語講要》，所引文見 P.171～
P.172，收錄於《李炳南老居士全集》，青蓮出版社，2004年9月。

《四庫提要》所舉前三事，要皆批毛氏之非者，唯對毛氏持論平正者，亦不能一概抹殺，故云：

> 然其中如謂「甯俞不仕」「文公及祿」「去公室三世」「政逮大夫四世」之類，考據特詳，持論亦正，較陳天祥《四書辨疑》，徒推尋於文句之間以難朱子者，固自勝之。漢代學官齊論、魯論、古論三家並立，兼采異說以備參考，是亦古人諸家並存之義也。

《提要》於「強生枝節」「半是半非」「全然無理」等三事，皆詳為舉證以批毛氏，然對「持論亦正」諸節，只輕描淡寫，略略帶過，但謂「是亦古人諸家並存之義也」。可見於清世學界朱學挾其朝廷功令之勢，頗具權威，對攻朱之說不甚相容，由此見其一斑，徐世昌《清儒學案》「西河學案」卷首云：

> 西河經說，阮文達極稱之，謂學者不可不亟讀，蓋自明以來，申明漢儒之學，使人不敢以空言說經，實自西河始。而辨正圖書，排擊異學，尤有功於經義，傳之恕谷而其學益昌。至學案小識於經學不錄西河，而目恕谷為放言無忌，隘矣。

《西河全集》中，關於說經之書幾數十種，雖醇駁互見，時有偏論，然其考證之博、辨論之詳，思想之新，頗足補各家之所不及，故《四庫提要》雖於奇齡之書時有不滿之詞，而《四庫全書》收所著書多至六十餘部，蓋以其書終有可取之處也。今觀《論語稽求篇》，亦宜摒棄門戶之見，去駁取精，期能不有遺珠之憾焉。

二、江永《鄉黨圖考》

江永，字慎修，安徽婺源人，生於康熙二十年（1681）卒於乾隆二十七年（1762）。歲貢生。數十年楗戶授徒，為人和易，處鄉黨以孝悌仁讓為先，人多化之，朝廷求經術之儒，有欲進其所為書且舉之者，則以頹老辭。先生為學陋於比勘，明於步算、鐘律、聲韻，而於三禮尤深。婺源江氏與元和惠氏同時並起，其後治漢學者皆奉為先河。婺源之學，一傳而為休寧，再傳而後金壇高郵，其學派傳衍比於惠氏為尤光大矣。著有《周禮疑義舉要》七卷、《深衣考誤》一卷、《鄉黨圖考》十卷等。

《鄉黨圖考》十卷，《皇清經解》本。是編取經傳中制度名物有涉於〈鄉黨〉篇者，輯而錄之，分為九類，曰圖譜、聖蹟、朝聘、宮室、衣服、飲食、器用、容貌、雜典。衣服類又分上下，合為十卷。圖譜類所錄除孔子年譜外，餘皆各式名物服制之圖樣，既以圖形見之，一目瞭然，較之他編繁文贅述為尤勝矣，此其特色也。聖蹟類則自孔子先世、始生，乃至其生平遊歷所至，一切事蹟之考述也。朝聘類則考其諸侯相朝、相聘、圭、擯、享禮、私覿、送賓等儀。宮室類則取〈朱子儀禮釋宮〉

一篇，通考古人宮室之制，錄其全文加以註釋，有未備者補之，有當詳考者乃另考於後。衣服類則涵蓋益廣，諸如冕、冠、祭服、弁服、朝服、帷裳、深衣、飾、齊衰凶服等三十餘項。飲食類則包括肉、魚、膾、脯、羹、醬、酒、藥等二十餘項。器用類以車為主，包括車輪、車轅、車輿、車馬、綏、席、材等。容貌類則含色容、目容、言容、手容、立容、坐、寢等十餘項。雜典類則其餘所歸也，如吉月、視朔、君賜、儺等，凡二十項。此其內容大要也，《四庫提要》稱之曰：

> 考核最為精密，其中若深衣、車制及宮室制度，尤為專門，非諸家之所及。

江氏嘗著《深衣考誤》，謂深衣之制，諸儒論者凡數十家，大率鍾裳交解十二幅之訛，據玉藻言衽當旁，則非前後之正幅也。舉鄭君之注以正疏誤，因為《深衣考誤》。宮室制度則據朱子晚年修禮書所作之《儀禮釋宮》詳加注釋，並補其未備，皆為精心獨見，發古人所未發也。然是編雖云旁徵博引，考核精密，卻亦間有研究未盡之處，《四庫提要》嘗言之：

> 若謂每日常朝，王但立於寢門外，與群臣相揖而已。既畢朝，若有所議則入內朝。引《左傳·成公六年》，晉人謀去故絳韓獻子新將中軍，公揖之入，獻子從公立於寢庭，為內朝議政之證。謂鄭清大僕燕朝王圖宗人嘉事者特舉其一隅，非謂宗人得入，異姓之臣不得入，後儒誤會大僕注，以異姓之臣不得入路門，遂謂攝齊升路門之外無堂云云。今考永謂異姓之臣得入內朝，永說為是，若謂路門之外無所議，必入內朝，則永未詳考⋯⋯鄭氏於覲禮引天子外屏為證實有精義，而永必易之，仍不若依鄭之為得也。然全書數十百條，其偶而疏漏者不過此類，亦可謂邁於《三禮》者也。

《提要》所列江氏之疏，僅上述一條，唯後有金鶚作《鄉黨正義》，亦頗糾正江氏之說，詳參後編，茲不贅矣！

夫皖派經學，江永、戴震實開其宗，其學風因懷疑而實事求是，長於分析條理而裁斷嚴密，每護一義，及參互考之，往往確不可易，此皆江氏有以啓之也。觀此《鄉黨圖考》之作，可略見其跡矣。

三、江聲《論語俟質》

江聲，字鱣濤，號叔雲，別名艮庭。江蘇吳縣人，生於康熙六十年（1721）或作康熙六十一年，卒於嘉慶四年（1799）。嘉慶元年舉孝廉方正，事親至孝，父歿逾三年，容戚然如新喪者，侍母疾居喪亦如父歿時。少讀《尚書》，怪古今不類，又疑孔傳非安國所為。年三十師事同郡惠徵君（棟），得所著《古文尚書考》，及閻若璩《古文尚書疏證》而精研之。又為惠氏刊正經文，疏明古注，論者謂其足補閻、惠

所未及。主要經學著作有《尚書集注音疏》十二卷、《經史子字準繩》、《論語俟質》三卷、《尚書經師系表》一卷、《尚書逸文》二卷。

　　《論語俟質》三卷，《琳琅祕室叢書》本，卷首有江氏自敘，略言此編成就因由。江氏以爲「何晏所采諸儒之注，往往取其糟粕而遺其精英，至晏自下己說者，率皆詿謬荒誕」其疾何晏如此。故自年三十，屏棄時學，從事群經，于《論語》有欲戡正者數十條，但以年輕學淺不敢問世，四十以後，邃精於《尚書》，凡再易稿，至五十三而書成，既而諸同人咸謂宜公同好，競助刻資，繕寫付梓，事竣時年已七十矣。江氏生平不肯爲俗字，尺牘書疏皆依《說文》，每欲取經子古書，悉繩以《說文》，去其俗字，命曰《經史子字準繩》，然孜孜數年，功未及半，至七十八歲，僅以外蓄於胸之《論語》錄出，題曰《論語俟質》，此其成書因由也。至於此編之得失，江瀚《續四庫提要》云：

　　　　聲於《尚書經文注疏》皆以古篆書之，論者譏其好尚新奇，此編亦有
　　　　是病，若「思無邪」作「㤅斁袞」，「樊遲」樊作「㸚」，「人焉廋哉」廋作
　　　　「搜」，「八佾」佾作「溢」，「郁郁乎文哉」郁作「𧟄」……此皆所謂通人
　　　　所哂，俗人所駭。江氏固以復古爲職志，然生平不作楷書，即與人往來筆
　　　　札皆作古篆，見者訝以爲天書符籙，人非笑之亦不顧也。

此種行徑，亦只昧於時勢，食古不化，不足取也。又是編固爲「欲準《說文解字》，以繩經史子之訛字」，故除上列罕怪古字爲其準繩標的外，於經旨亦罕所發明，甚有出之以臆說者，如〈雍也〉篇「伯牛有疾」章釋云：

　　　　孔子聖無不通，焉有不知醫者，執其手者切其脈也，既切脈而知其疾
　　　　不治，故曰亡之命矣夫。

此處顯然無稽之談，整部《論語》但聞夫子言詩書禮樂者，何嘗聞夫子學醫乎〔註8〕？江氏但以「孔子聖無不通，焉有不知醫者」推臆，然則何以樊遲請學稼、請學爲圃，孔子乃曰「吾不如老農」、「吾不如老圃」乎（〈子路〉篇）翁方綱先生嘗云：「說經者最忌推演」〔註9〕，江氏此種推演臆說，實犯說經之大忌也。

　　此編雖有上述微疵，然亦有其不可忽視之價值，會稽鏡吾氏董金鑑《論語俟質續校》〔註10〕云：

　　　　按是書爲江艮庭先生晚年所作，以郮（許）書勘《魯論語》形聲字義，

────────────

〔註8〕　《論語》言「醫」者但〈子路〉篇：「子曰南人有言，人而無恆，不可以作巫醫。」
　　　　一處耳。
〔註9〕　參見第六章「翁方綱《論語附記》」。
〔註10〕　見於《論語俟質》書後所附。

辨析最精。仁和胡氏鳩輯叢書，取是編及六書說，刊入甲集並加校勘，洵
為後來小學之助。

江氏精治《說文》，病後世深求考老轉注之義，著《六書說》一卷，謂建類一首，即
始一終亥五百四十部之首也，時治小學者亦頗重其說。此編《論語俟質》即為江氏
以《說文》勘正《魯論》之形聲字有所得，於後來治小學者與經學者有所啓示，此
其功之不可忽也。

四、錢坫《論語後錄》

錢坫，字獻之，號篆秋，別名十蘭。江蘇嘉定人，生於乾隆九年（1744），卒於
嘉慶十一年（1806）。乾隆三十九年副榜貢生，官陝西乾州、直隸州判，攝武功知
縣，以疾歸，卒於蘇州。先生通小學，博覽群書，在畢制府沅陝幕最久，與洪亮吉、
孫星衍研討訓詁輿地之學，工小篆，不在李陽冰、徐鉉下。既病痺，以左手書，尤
為世所珍。主要經學著作有《詩音表》一卷、《論語後錄》五卷、《爾雅釋地以下四
篇注》二卷等。

《論語後錄》五卷，乾隆四十年漢陰官舍刊錢氏本。錢氏編撰此書原擬附《集
解》之後，故曰《後錄》。書首有敘，略明此書七編例：一考異本，二校謬刊，三鉤
佚說，四補剩義，五正舊注，六采通論，七存眾說，此其內容大較也，茲略述於后。

（一）**考異本者**，「漢時有齊魯古文三家，自集解行後雜而不分，然互見於本注及
《禮》、《易》、《詩》注者不少，又《史記》、《漢書》、《說文解字》引據往往不合，
大抵皆三家之異，苟有所見必備載也。」如「傳不習乎」（〈學而〉）云：

> 鄭康成曰，魯論讀傳為專，今從古言，不得以我所不習者授之人，然
> 則傳應讀同七十老而傳之傳。

「未若貧而樂道富而好禮」（〈學而〉）云：

> 今《集解》本作「貧而樂」，無道字者，脫也。案《史記》正作「貧
> 而樂道」，又〈坊記〉云「貧而好樂富而好禮，眾而以寧者天下其幾矣。」
> 是讀樂為周禮司樂之樂，義可兩通。

又「子張學干祿」，《史記》作「問干祿」，「周監於二代」《漢書·儒林傳》引作「二
世」，此皆所謂考異本者也。

（二）**校謬刊者**，「今世行本為後代儒者所亂，字句多煩簡脫落，必本漢《熹平
石經》、唐《開成石經》及諸書所引互校也」。如「孝乎惟孝友于兄弟」（〈為政〉）云：

> 孝乎之乎，《熹平石經》及《開成石經》並作「于」，陸德明本作「于云或
> 作乎」。

「賜也爾愛其羊我愛其禮」（〈八佾〉）云：

　　《開成石經》作「女愛其羊」，顏師古《漢書注》引又作汝，汝女同字。

「邦君爲兩君之好」（〈八佾〉）云：

　　《熹平石經》作「國君有兩君之好」，漢諱邦稱國，故改之。

其它如「起予者商也」，《熹平石經》無「者」字；「願車馬衣輕裘」，《開成石經》無
「輕」字，此皆所謂校謬刊也。

　　（三）**鉤佚說者**，「集解所載諸家注非全備〔註11〕，凡爲何氏所不收而雜見他
書者，及魏晉後各家義說必具述也。」所蒐采者如：

　　「吾日三省吾身」：

　　　　鄭康成曰思察己之所行也，荀子云參省即此。

　　「與朋友交」：

　　　　鄭康成曰同車曰朋，同志曰友。

　　「人之生也直」：

　　　　鄭康成曰，始生之性皆正直。

　　「曾是以爲孝乎」：

　　　　馬融曰，曾則也。

　　「子路問聞斯行之」：

　　　　包咸曰賑窮捄乏之事。

　　「足恭」：

　　　　孔安國注足恭爲便僻。

雖執鞭之士「吾亦爲之」：

　　　　陸德明云，一本作「吾爲之矣」。

錢氏此例所收雖謂集解諸家之佚說，然實以鄭康成之說爲多，其餘各家只零星一二
見耳，此爲鉤佚說之例。

　　（四）**補剩義者**，「諸家所未及必以己見附之也。」此爲錢氏一己之見以補前之
不足者，如：

　　「禮之用和爲貴」：

　　　　《易·繫辭》曰履以和行，履者禮，故云禮之用和爲貴。

　　「先行其言而後從之」：

　　　　先行其言而後從者，所謂不辭費，是恐躬不逮，徒言之無益。

──────────

〔註11〕集解所采凡八家，即孔安國、包咸、周氏、馬融、鄭玄、陳群、王肅、周生烈。

「指其掌」：

> 家君有曰，古有指掌術，見徐岳《術數記遺》。法以三指三閒，閒有三節以食指上節爲一，中節爲十，下節爲百，中指上節爲千，中節爲萬，下節爲十萬，無名指上節爲百萬，中節爲千萬，下節爲萬萬，亦名爲運掌等……

案此指掌算術未知確否，錢氏錄之亦備一說，皆補剩義之例也。

（五）**正舊注者**，「諸家有非是者，必正之也。」如：

「色難」：

> 鄭康成曰，和顏悅色乃爲難也。案文王之爲世子朝於王季曰三內豎，今日安否，安，文王色喜，有不安節文王色憂，行不能正履，此所謂色難是矣。故《玉藻》曰親瘠色容不盛，孝子之疏節也。鄭包二義恐失之。

「子入太廟每事問」：

> 《論衡》曰，孔子未嘗入廟，廟中禮器眾多非一，孔子雖聖，何能知之。案禮器之說，後人習用而不知其出於王充也。以義推之當是入廟助祭有所職守，其職字當行之事不敢自專，必咨之主祭者而後行，若問器物則廟中爲嚴肅之地，夫子必不嬈嬈如是，充說非也。

（六）**采通論者**，「如閻若璩、惠棟諸君子之說必采入也。」如：

「管仲之器小哉」：

> 惠棟曰，《管子・中匡篇》施伯謂魯侯曰，管仲天下之賢人也，大器也，蓋當時有以管仲爲大器者，故夫子辨之。

「子謂南容」：

> 南容即南宮敬叔，去宮稱南者，猶孟孫、叔孫、季孫之去孫，單稱孟叔季是也。閻若璩曰，古者命士以上，父子異宮，故《儀禮》有東宮西宮南北宮，其氏某宮者，各以其居稱之，應劭或氏於居正謂此。

（七）**存眾說者**，「凡諸家異義不可折一，案而不斷也。」如：

「巧笑倩兮，美目盼兮」：

> 盼，《開成石經》訛作盻，巧笑即冶由笑盼，所謂目流眄是也，義見《淮南子》。毛公則云，倩好口輔，則黑白分。薛君則云，倩蒼白色，則黑色。三解皆異。一說又云詩巧瑳，瑳即倩。案瑳玉色鮮白也，以倩爲瑳，義與薛君近。

「自行束脩以上」：

> 束脩有兩義，《穀梁傳》束脩之問不行竟中，少儀曰，其以乘壺酒束

　　脩一犬賜人，皆言脩脯。延篤曰，吾自束脩以來，此言脩整。案鄭康成注

　　此云，謂言十五以上，則鄭亦作脩整義矣。

以上所列蓋《論語後錄》一書之大要，由敘中所揭七例，亦可知其編輯旨趣，而此亦
本書之優點所在，何以故？蓋考異本，正可以判別齊、魯、古文三家之異同；校謬刊
正可糾後儒之所譌亂，一返其原貌；鉤佚說正可發古注之幽微，免何氏一己好惡之所
蔽也；補剩義正可以彌前人之不足，俾聖人微言更加闡揚；采通論正可以消厚古非今
之議，使近人之說而精者亦可保存之；存眾說正「多聞闕疑」之古訓也，可免失於武
斷之譏矣。錢氏此書就其正面價值言，上述諸端皆值得肯定者也。然而亦不免瑕疵焉，
一者此書共五卷凡五百七十餘條，雖依篇章順序而排列之，然未細標篇名，則其微疵
也，苟能於各篇之條目皆能有以判別，則對後之讀此書而欲與集解相對照者，應有所
助益也。此與黃式三《論語後案》相較，則黃氏為優矣。〔註12〕二者錢氏自序中所謂
七例之第六采通論者，其所采「諸君子之說」，實即清人也，然只取閻若璩、惠棟二
家說，而在錢氏之前，治《論語》考證之學有名者如毛奇齡〔註13〕、江永〔註14〕、等，
錢氏皆未之取也，豈其說皆不足取乎，否則何獨鍾於閻、惠二家乎？既云「采通論」
則不應有所偏也，此其二疵焉。

　　平而論之，錢氏《後錄》一書雖非盡完美，然其於古注之考證蒐求，凡足以為
經文佐證者皆廣為徵引，此等成就對後代研究《論語》者助益甚多，此吾人所不能
忽視其價值者也。

五、徐養原《論語魯讀考》

　　徐養原，字新田，號飴庵，浙江德清人。生於乾隆二十三年（1758），卒於道光
五年（1825）。嘉慶六年（1801）副貢生，父天柱，乾隆三十四年（1759）一甲二名
進士，官編修，於諸經皆有論述。先生少承家學，從官京師，一時名宿，捧手問業，
阮文達撫浙，相從詁經精舍識學，助校諸經注疏，兼通三禮、六書、古音、曆算、
輿地、氏族之學。母程氏善鼓琴，因研究音律。著有《周官五禮表》、《尚書考隨筆》、
《論語魯讀考》等。

　　《論語魯讀考》一卷，《湖州叢書》本，卷首有徐氏自敘，略謂是編撰成之因由，
蓋緣於陸德明《經典釋文》曰：「鄭校周之本，以齊古讀正，凡五十事。」鄭玄所讀
正五十事，見《釋文》者僅二十三事而已，皆從古文者也。徐氏乃取何晏《集解》

〔註12〕見第六章「黃式三《論語後案》」。

〔註13〕毛氏有《論語稽求篇》、《聖門釋非錄》、《四書改錯》等有關考證之作。

〔註14〕江永有《四書典林》、《四書古人典林》、《四書按稿》、《鄉黨圖考》等作。

與陸德明《釋文》所載《魯讀》二十三事，考其異同，又多「子曰父在觀其志，父沒觀其行」、「古皆無此章」（〈衛靈公〉）及「孔子曰不知命」（〈堯曰〉）「《魯論》無此章今從古」，合爲二十五條，名之曰《論語魯讀考》。其後又附有〈石經殘碑〉，因此殘碑略存《魯讀》，乃取《隸釋》（洪适作）所載備錄之，併釋其可知者，以附於《魯讀考》之後。

是編之作除考校《魯讀》與古文之同異外，亦略辨二者之得失，其中於惠棟《論語古義》之說，多所采錄。如「五十以學易」云：

> 《魯讀》易爲亦，今從古。惠氏曰：君子愛日以學，及時而成，五十
> 以學，斯爲晚矣，然秉燭之明尚可寡過，此聖人之謙辭也。

徐氏錄此說以明惠氏乃從《魯讀》也，然江瀚《續四庫提要》譏之云：

> 夫孔子明言吾十有五而志於學，又言學而不厭，何忽自謙如此，考據
> 諸儒每見一異讀異字，輒藉以標新，欺愚眩俗，此所以爲世詬病也夫。

江瀚之語應是詬惠氏也，非關於養原。然養原亦另有受詬者，如「傳不習乎」云：

> 《魯讀》傳爲專，今從古。養原按，《說文》（寸部）專六寸簿也，
> 《左傳・桓公二年》袞冕黻珽，注珽玉笏也。若今史之持簿。……今按笏
> 與專其用同而大小有別，《玉藻》云笏度二尺有六寸，專則六寸而已，有
> 所聞見輒疏記之，以備忽忘，暇則筆之於書，時時省覽，所謂習也。或疑
> 專爲傳之省文，非也。

案「傳不習乎」馬融解作「言凡所傳之事得無素不講習而傳之乎」，朱子則曰「傳謂受之於師，習謂熟之於己」，義雖稍異，然皆從「傳」者也。徐氏從魯讀作「專」，並舉《說文》及《左傳》，以「專」同於「笏」，「有所聞見輒疏記之，以備忽忘，暇則筆之於書，時時省覽所謂習也」，其說果然發前人所未見，然而於義則未勝也，仍以從舊說爲宜，江瀚所謂「藉以標新，欺愚眩俗」，雖稍過火，然學者亦宜警惕也。

《魯讀考》之作雖未能盡屬純粹，然其有功於魯、古文字異同之辨，俾學者於今本文字之外尚可參校於《魯論》，於紛紛眾說，知其所本，亦可不惑於源流而盲從附會，誠有功於考證者，學者不可盡廢之焉。

六、金鶚《鄉黨正義》

金鶚，字風薦，號誠齋，浙江臨海人，生於乾隆三十六年（1771），卒於嘉慶二十四年（1819）。優貢生，阮文達選入詁經精舍肄業，精三禮之學，繼受知於山陽汪文端，至京師居文端邸中，元和陳碩甫往見之，與語相見恨晚。所著《求古錄》一書，取宮室、衣服、郊祀、井田類，串漢唐諸儒之說條考而詳辨之，鎔鑄古訓爲一

代大作手。另有《鄉黨正義》一卷、《四書正義》若干卷。

　　《鄉黨正義》一卷，《皇清經解續編》本。是編於《論語·鄉黨篇》禮儀深入考證，凡二十一條。先是有江永《鄉黨圖考》之作，最稱考訂精密，是編後出而多所匡正，如「揖所與立左右手」條云：

　　　　《周官》司儀君朝用交擯，臣聘用旅擯。此言揖所與立左右手，是交擯非旅擯。又《周官》諸侯朝曰賓，大夫聘曰客，此言賓不言客，當如兩君相朝之禮。鄭注君召使擯云，有賓客使迎之，統君朝臣聘而言，其說未確，朱注亦未分明。江慎修因孔子仕魯時無諸侯來朝、卿來聘之事，乃謂此他國大夫來行小聘，故不書於《春秋》。不知小聘禮輕，必不用交擯，煌煌大典而以小聘目之，其謬甚矣，總是必以此爲孔子事，故不免曲爲之說耳。

夫江永之所以曲解，乃因其以〈鄉黨〉篇所載皆爲孔子事耳，然金氏以爲〈鄉黨〉一篇非皆孔子事也，觀君子不以紺緅飾句可見，若皆孔子之事，何得稱君子乎？其他如「上大夫下大夫」、「執圭」、「紅紫不以爲褻衣」諸條，皆確有依據，鶚本精於禮經，固非同影響剽掇之學也。

　　是編除匡正江永之說外，於集注亦頗糾之，如「孔子於鄉黨節」云：

　　　　王注（肅）：「恂恂，溫恭之貌。」朱注以爲信實之貌。案《爾雅·釋詁》云：「恂，信也。」《說文》云：「恂，信心也。」故朱注以爲信實之貌。然恂之爲信，皆單言之，未見有連言「恂恂」者，且信實之貌與似不能言，義不相承，鄉黨宜信實，豈宗廟朝廷不宜信實乎？於理亦未安，王注以爲溫恭貌，得之矣……朱注失之。《語類》又云：「恂恂，訓詁宜爲信實，然亦有溫恭意。」蓋以信實與似不能言不相承，故云亦有溫恭意，卻不思「信實」與「溫恭」義不相涉也。

夫《集注》固以義理爲主，雖亦略及訓詁名物，然多因舊說，鶚則精於《三禮》之學，披卻導窾，實事求是，所言皆能推闡先儒之說，輔翼群經，發前人所未發，無墨守門戶之見，矜奇標異之情，是編之作，亦秉此精神，故其內容頗具參考之資也。

七、馮登府《論語異文考證》

　　馮登府，字雲伯，號柳東，別名勺園主人。浙江嘉興人，生於乾隆四十八年（1783），或作乾隆四十五年（1780），卒於道光二十一年（1841）。嘉慶二十五年（1820）進士，改庶吉士，散館授福建將樂縣知縣。抵任方兩月。聞母病即辭官歸里。後改就教職，選補寧波府教授。在任數年，大吏重其才，將薦舉之，力辭，因病乞歸，

尋卒。先生劬書力學，於兩漢唐宋諸儒之經義，旁及諸子百家傳注，靡不強識博通，而聲音訓詁尤爲深邃。先生治經蒐集遺說異文，疏證精密，於石經致力尤勤，薈萃歷代諸刻及諸家考訂之說，折衷求是，可稱集成之書。主要經學著作爲《三家詩異文疏證》六卷、《補遺》三卷、《三家詩遺說翼證》二十卷、《論語異文考證》十卷、《十三經詁答問》十卷、《石經考異》十二卷等。

《論語異文考證》十卷，石經閣五種本。卷首有嘉慶二十二年馬應潮序、嘉慶二十一年李富孫序、道光十四年洪頤瑄序及道光甲午（十四）年馮氏自序。是編序文之多，爲他編所罕見，亦其特點也，馮氏自序云：

> 《論語異文考證》十卷，余少受先太史之教，退而編次者也。成於嘉慶一十八年，後遇見瞥觀輒即疏記，屢有增益。曾就正于孫淵如（星衍）前輩，謂出翟氏《考異》上。

馬序云：

> 漢魏以來，經史傳注諸子百家之徵引，莫不各有增損，妄逞臆説而竄易之，後之人承謬襲訛，無由得善本而折衷至當，甚矣考古之難也。馮君籥（柳）東，窮守經籍，專守古訓，著述卷帙已充笥篋，因念《論語》爲記載聖言之文，士人所最先誦習，遂博蒐殘缺，廣輯遺佚，稍涉歧異，即接據師説而一一疏證之，於是二千年來之古義得以復明于世，可謂用力勤而立功鉅矣！

從馮氏自序中可知孫星衍讚譽此編爲出於翟氏《考異》之上，又從馬序中可瞭解考古之不易，由是益見此編之可貴。然馬應潮曾爲惠氏《九經古義》作疏證，于《論語》一書校讎之際，所捃摭者與馮登府所述微有異同，故序中亦留有伏筆，以俟後日之質也。

是編所蒐，除本書流傳各本外，並參之經史傳注、諸子百家，旁及唐宋文集、金石碑刻，以迄近儒顧炎武，凡《論語》異文所散見者，悉爲蒐羅薈萃，稽其同異之恉，以闡明古義。其稱引既博，而詮釋復精審，用力之勤，眾所共讚。李富孫序稱曰：

> 得是編其可以廣見聞、通古訓，而庶免於專己守殘之陋矣！

夫科舉之世，《論語》一書，人人童而習之，而俗儒溺於章句，專視爲科舉之學，於古言古訓則杳然不知，甚至以治古學者爲妨舉業而相戒，父子師弟皆因陋就簡，但求速化，不爲深思，此皆科舉之弊，而俗文講章害之也。登府是編既取各家傳述，考異同，辨得失，學者苟能融合而貫通之，則於聖人言旨當不遠矣！

八、桂文燦《論語皇疏考證》

　　桂文燦，字子白，號昊庭，廣東南海人，生於道光三年（1823），卒於光緒十年（1884），或作光緒十二年（1886）。道光二十九年（1849）舉人。同治元年（1862）獻所著書，詔嘉其考證詳明。《群經補正》一編，於近儒惠棟、戴震、段玉裁、王念孫諸注多所糾正，具見研究之功。光緒九年（1883）選授湖南勷縣知縣，善治獄，未久卒於官。經學著作繁富，其犖犖大者如《易大義補》一卷、《書古今文治》二卷、《禹貢川澤考》四卷、《詩古今文注》二卷、《毛詩釋地》六卷、《周禮通釋》六卷、《春秋列國疆域考》一卷、《春秋左傳集注》一卷、《論語皇疏考證》十卷、《經學博采錄》十二卷等。

　　《論語皇疏考證》十卷，《庚辰叢編》本。卷首有道光二十五年十一月桂氏自序，卷末有庚辰（道光二十五年）十月王大隆跋。桂氏自序云：

> 　　《論語義疏》十卷，梁皇侃著。晁氏《郡齋讀書志》謂邢疏因皇疏而撰定，皇疏久佚，故二疏之異同優劣，昔人莫得而考之，近始得於日本國中，浙江鮑氏以文刊以行世，此書軼事舊聞多資考訂文字異同多可遵從，且徵引遺說至數十家，博采兼說網羅富有，洵何氏之功臣，而後學之津梁已。惟知者千慮必有一失，舛訛之處，時見卷中，文燦嘗證其所長，考其所短，皆平心以求其是，不敢存墨守之見，仍依皇氏釐爲十卷，治《論語》者尚其訂之。

案皇侃《論語義疏》之見於史籍所載者，有《隋書·經籍志》、《經典釋文》、《宋國史志》、《中興書目》、《郡齋讀書志》、《遂初堂書目》，至陳振孫《書錄解題》始闕不載，朱子《集注》亦未徵引，知亡失在宋時。乾隆中，浙人汪翼滄得日本寬延庚午根本伯修氏刊本，鮑以文重刊入《知不足齋叢書》，《四庫》據以著錄，其書始顯，此亦清代《論語》學一大盛事也，嗣後治《論語》者乃因皇疏之復見而得爲比勘參訂。是編即桂氏考證皇疏之所得也，桂氏自云「證其所長，考其所短，皆平心以求其是，不敢存墨守之見」，今觀其內容，以皇疏爲是，「證其所長」者，凡二十一條；以皇疏爲非，「考其所短」者，凡五十一條。餘則或考版本之異同，或疑彼國之所竄改而弗論其是非矣。由此可見是編乃以糾皇疏之失爲主，如「學而等篇名篇」云：

> 　　《論語》名篇，多因其分篇在是，即取章首二三字以爲篇名，惟〈學而〉第一，皇氏謂以學而最先者，言降聖以下皆須學成，此書故以學而爲先也，此言極爲近理。皇氏又云而者因仍也，夫學而二字本截此章之文，豈有因仍之義，失之已。至〈爲政〉以下諸篇，皇氏必於篇名求出相次之理，如以〈八佾〉名篇爲深責季氏之惡，季氏惡不近仁，宜居仁里，故以

〈里仁〉次之，凡若此類皆非也。

案此爲是編首條，而亦糾皇疏之首失也。蓋皇疏於各篇篇目之下皆先疏解篇名，次解篇旨，後乃解其所以次前篇之由，此其通例也。如〈里仁〉篇云：

> 里者鄰里也，仁者仁義也（此二句解篇名）。此篇明凡人之性易爲染著，遇善則升，逢惡則墜，故居處宜慎必擇仁者之里也（此段解篇旨）。所以次前者，明季氏惡由不近仁，今示避惡徙善，宜居仁里，故以〈里仁〉次於〈季氏〉也（解篇次之由）。

此中唯篇名之疏解尚無謬失，其餘二例則牽強甚矣。蓋〈里仁〉篇中若干章屬論仁者〔註15〕，然雖是論仁，又何有於「擇不處仁」？何況於其它章節，諸如「朝聞道夕死可矣」、「不患無位，患所以立」、「事父母幾諫」、「三年無改於父之道」、「事君數斯辱矣，朋友數斯疏矣」，諸如此類章節，殊與「里仁」之義毫不相干也。其它如顏淵篇、子路篇，又豈通篇全述顏淵、子路者乎？然則皇疏篇旨之說乃所謂斷章取義，以偏蓋全者也，誠屬無稽之論矣。爰是而觀其篇次之說更屬附會矣！蓋皇氏「篇次」之說，乃立基於前項所謂「篇旨」之說，篇旨既屬無稽，則篇次之說何得成立？今列舉其說若干於后：

> （〈公冶長〉）言公冶雖在枉濫縲紲，而爲聖師證明，若不近仁則曲直難辨，故〈公冶〉次〈仁里〉也。
>
> （〈雍也〉）其雖無橫罪，亦是不遇之流，橫罪爲切，故〈公冶〉前明，而〈雍也〉爲次也。
>
> （〈述而〉）時既夷嶮，聖賢地閉，非唯二賢不遇非賢之失，所以〈述而〉次〈雍也〉。
>
> （〈泰伯〉）物情見孔子栖遑，常謂實係心慮，今明太伯賢人尚能讓國，以證孔子大聖，雖位非九五，豈以粃糠累眞，故〈泰伯〉次〈述而〉也。
>
> （〈子罕〉）外遠富貴既爲粃糠，故還反凝寂所以希言，故〈子罕〉次〈泰伯〉也。
>
> （〈鄉黨〉）既朝廷感希，故退還應於鄉黨也，故〈鄉黨〉次於〈子罕〉也。

夫《論語》之各篇篇旨，既不得以首章而涵蓋其通篇，然則皇氏所說各篇相次之由，乃純屬附會，其證甚明矣，故「《論語》名篇，多因其分篇在是，即取章首二三字以

〔註15〕〈里仁〉篇凡二十六章，唯前七章經文中有論仁者，如「子曰不仁者不可以久處約，不可以長處樂；仁者安仁，知者利仁。」「子曰惟仁者能好人，能惡人。」「子曰苟志於仁，無惡矣。」等是。

爲篇名」，桂文燦氏之說，應是確論矣！此即桂氏非皇疏之一者，至皇疏之長亦不可掩之，如〈雍也〉篇「犁牛之子騂且角」云：

> 何平叔曰，犁雜文也，言父雖不善，不周於其子之美。皇氏云，犁或音梨，犁謂耕犁也，言假令犁牛而生好子，色角合禮。文燦謹案：《山海經》后稷之孫叔均始作牛耕。注，始用牛犁也。孔子弟子冉耕字伯牛，司馬牛名犁，《說文》犁、耕互訓，段注云，人耕謂之耕，牛耕謂之犁，其後互名之。又《後漢書‧和帝記》，永和十六年夏四月，遣三府掾分行四州貧民無以耕者爲雇犁牛。此皆皇說之明證，皇氏此說實足以證平叔之誤，而父賤行惡之誣可雪已。

案此章之說解，黃式三《論語後案》及劉台拱《論語駢枝》皆同於皇疏之說，而集解、集注將犁作雜文及父賤行惡之說者，乃輾轉附會，至使先賢蒙不白之冤，皇疏得證何晏之誤，得雪先賢之誣，其功自不可不爲之表也，是其長而許之也。

　　夫皇疏自宋代亡於中土，至有清復歸自扶桑，其間或不免有所傳鈔之訛、甚至後人所妄添者，文燦之於皇疏考證，或以經證經，或折衷群言，或證明舊說，或自下己意，皆能平心以求其是，既無墨守，亦不妄臆，使皇疏之是非曲正，皆能昭然於世人，非但後學之資助，實亦皇氏之功臣也。

九、蔣曰豫《論語集解校補》

　　蔣曰豫，字佑石，江蘇陽湖人。生道光十年（1830），卒同治十四年（1875），事蹟未詳。

　　《論語集解校補》一卷，清刊《蔣佑石叢書》本。收於《滂喜齋學錄》卷六。是編蓋采陸德明《釋文》、皇侃疏、邢昺疏、洪适《隸釋》、釋玄應《一切經音義》，乃至清儒說論所載何氏《集解》，校其同異，並參諸漢唐諸家經說子史所錄舊注，爲今《集解》本所無者補之，故名「校補」，皆可爲研究漢魏舊說者作補充也。

十、王漸鴻《鄉黨圖考補正》

　　王漸鴻，字儀堂，山東黃縣人，生於道光二十二年（1842），卒於光緒二十三年（1897），同治元年舉人。生有至性，家貧授讀以養親，母歿後，父老且病，勸父納妾以侍父，不從，乃納老婦命爲繼室，不數日而父歿。終身奉繼母如父命，蓋不忍傷親意也。勤苦力學，讀一經兼淹貫諸經以會其通，尤潛心於《三禮》，作《明堂禮制考拜考》，皆彙萃諸家言，以定其從違。又以江氏《鄉黨圖考》，學者所必讀之書而未盡縝密，故補正之、以學行與修縣志，光緒八年選授觀城教諭，光緒二十三年

卒，著有《鄉黨圖考補正》、《三禮條辨》等書。

《鄉黨圖考補正》六卷，光緒三十四年海隅山館刊本。書首有光緒三十四年濰縣宋書升敘，及于鴻恩敘各一，另有光緒二十年王氏自敘及張庭詩撰〈王儀堂傳〉。卷末則有光緒三十四年丁樹楨跋，以識是編刊刻之經過也。王氏自序云：

> 讀書以通經為務，通經以《論語》為先，《論語》亦豈易通哉？學者束髮受書，首誦《論語》，始而句讀，繼而解詁，以為無不通矣。乃年愈長而疑寶愈多，先儒謂不通群經不能通一經，旨哉言乎！〈鄉黨〉一篇尤《論語》中之難通者也，蓋〈鄉黨〉所記，動涉禮制，大而朝廟祭祀聘享，細而衣服飲食容止，考核不精，歧誤層出。

王氏蓋有鑒於江慎修氏嘗作《鄉黨圖考》十卷，雖亦引證詳明，百餘年來學者奉為圭臬，然禮家聚訟最為紛糾，江君守一家之言，襲語承訛亦所不免。遂以識見所及，訂其訛誤，復為之引伸觸類，補其闕略，其於鄉黨無甚關係者則仍之，未悉辨也，亦有江君辨說已明，而後人更以他說亂之者，乃復為證明之，成此補正六卷也。王氏本精通三禮之學，其於漢唐注疏，皆能琅琅誦之無或遺，故其所補證江氏書，學者均稱確當，甚重士林，此可由是書之刊刻經過見其一斑，而是編亦可謂江氏之諍臣矣！

十一、方觀旭《論語偶記》

方觀旭，字升齋，錢塘人，生卒年未詳，嘉慶十六年（1811）進士，改庶吉士散館授廣西武緣縣知縣，為諸生時嘗肄業詁經精舍，為阮文達元所契重，於諸經皆有研究，而《論語》一書致力尤勤，著有《論語偶記》，曾刻入《皇清經解》。

《論語偶記》一卷，刻入《皇清經解》一千三百二十七卷，今所見即此版本。是編以考訂為主，內容載《論語》經文四十一條，集註三條〔註16〕，計四十四條。《清儒學案》另有《詁經精舍文集》文鈔類「論語大德小德解」、「曾點鼓瑟解」二節。而程樹德《論語集釋》〈先進〉篇「子路曾晳冉有公西華侍坐」章曾引方氏「曾點鼓小解」一節，另〈子張〉篇「子夏曰大德不踰閑」章亦引方氏「大德小德瑟」一節。程氏於此二處皆作《論語偶記》云云，然考原編並未列此二則，不知程氏是否另有所本。

今案《論語偶記》所考訂條文於各篇之分佈情形如次：

〈學而〉篇	二條（集注一）	〈先進〉	○
〈為政〉篇	一條	〈顏淵〉	二則
〈八佾〉篇	六條（集注一）	〈子路〉	五則

〔註16〕集注文三條者：〈學而〉「古者十五而入大學」、〈八佾〉「古者天子常以季冬頒來歲之朔於諸侯」、〈雍也〉「病者居牖下」。

〈里仁〉　　○　　　　　　　〈憲問〉　　三則

〈公冶長〉　○　　　　　　　〈季氏〉　　五則

〈雍也〉　　二則（集注一）　〈陽貨〉　　一則

〈泰伯〉　　○　　　　　　　〈微子〉　　一則

〈子罕〉　　三則　　　　　　〈子張〉　　一則

〈鄉黨〉　　六則　　　　　　〈堯曰〉　　○

上述合計四十三則，另最後一則爲「史記孔子世家弟子列傳正誤」，共四十四則。

方氏是編所重以考訂爲主，不尙空言，其中或有特殊見解者，如〈述而〉篇「自行束脩以上」條謂：

> 《集註》云：「十脡爲束」，本之邢疏，案檀弓少儀穀梁傳所云，束脩但言賜人問人，不言爲贄。脯脩是婦人相見之物，男贄無之，嘗以爲疑，及見鄭注云謂年十五以上，恍悟邢疏之謬，蓋古人稱束脩有指束身脩行言者，《列女傳·秋胡婦》云「束髮脩身」，《鹽鐵論》桑弘羊曰「臣結髮束脩得宿衛」，《後漢書·延篤傳》曰「且吾自束脩以來」，馬援、杜詩二傳又並以束脩爲年十五，俱是爲注佐證。書傳云十五入小學，殆行束脩時矣。（鄭注見〈延篤傳〉注）

案此章歷來頗有數解：

《集註》曰：

> 脩脯也，十脡爲束，古者相見必執贄以爲禮。（此一解也）

《後漢書·延篤傳》注引鄭注「束脩謂年十五以上也。」（此二解也）

除此二解外，黃式三《論語後案》謂：

> 〈曲禮〉童子委贄而退，疏曰：「童子之贄悉用束脩，故《論語》孔子云自行束脩以上則吾未嘗無誨焉。」是謂童子也，此又一說。《後漢·和帝紀》「詔曰束脩良吏」。〈鄧后紀〉云「故能束脩不觸羅網」，〈鄭君傳〉「束脩安貧」，〈馮衍傳〉「圭璧其行，束脩其心」，〈劉般傳〉「束脩至行，爲諸侯師」，李注訓爲謹束修潔，孔氏《示兒編》據之爲潔己以進之義。此又一說。

合前二說，則共四解也，然皆須與下文合之，文義通乃可。案《經典釋文》謂「魯讀誨爲悔，既然，與上四說合觀，則其義更形紛歧矣，若作「誨」則上四說皆可通，若作「悔」則唯以年之解始通。此則包愼言所主：

> 案《魯論》則束脩不謂脯脡。《易》曰「悔吝者言乎其小疵也」。又曰「震无咎者存乎悔」，聖人戒愼恐懼，省察雖嚴，故時覺其有悔。自行束

脩以上，謂自知謹飭砥礪而學日以漸進也，恐人以束脩即可無悔，故言未
嘗無悔以曉之。〔註17〕

然包氏此說稍覺牽強，故劉寶楠《正義》仍主張「鄭以古論義明，故定從誨也。」
因此，本章疑義似應有所裁矣。而方氏此條所論雖未及「誨」義之疑，然其所主「束
脩為十五」之說，蓋本乎鄭玄，亦可備一說，可資研究《論語》者之參考也。

至如〈子路〉篇「南人有言曰」條云：

> 鄭注不可以作巫醫曰，言巫醫不能治無恆之人，注不占而已矣，曰無
> 恆之德易所不占。案此一經與〈緇衣〉篇中略同，惟此經巫醫，〈緇衣〉
> 篇作卜筮，然巫與醫卜並以治人之疾，以言不能治無恆之人，無異義也。
> 〈緇衣〉云「龜筮猶不能知也，而況於人乎」。謂卦兆不能見其情定其吉
> 凶，蓋即此經不占之意，屈子卜改行易轍，詹尹曰「龜策誠不能知此事」，
> 得斯旨也。以經解經頗自明暢，鄭注所以為勝，惜朱子不用鄭注，是以不
> 占而已矣句解不去，轉引楊氏說，愈不明白也。

《集註》對此章之解如下：

> 此《易》恆卦九三爻辭，承進也，復加子曰以別易文也，其義未詳。
> 楊氏曰，君子於易，苟玩其占，則知無常之取羞矣，其為無常也，蓋不占
> 而已矣。意亦略通。

案此章「不占而已矣」，古今解者皆未甚圓融，《集註》言其義未詳，可謂本分，然
卻再舉楊氏之說，不免反以為累，「略通」二字，若於賅括眾事處言之，如云略通某
氏之學，略通某書大義，此皆可也。今於一章經中單論一事，是則為是，非則為非，
豈容更有略通乎？況已斷定其義未詳，乃又列別議，殊難自圓其說。故此章之義當
從鄭注，方氏說此，本乎鄭義，並取資《禮記·緇衣》以相佐證，並糾《集註》之
失，義甚可取。另皇疏之說亦可相互發明：

> 此記者又引《禮記》孔子語來證無恆之惡也，言無恆人非唯不可作巫
> 醫而已，亦不可為卜筮，卜筮亦不能占無恆之人，故云不占而已矣。

觀鄭注、皇疏與集註之說，乃知方氏此論乃權衡得失，去取得宜，其論應屬可信。

然方氏《偶記》一書亦非全無謬失者，觀其〈八佾〉篇論「三歸」條云：

> 三歸當仍舊注，為娶三姓女，《論語稽求篇》辨之極詳，金仁山謂算
> 家有築臺三歸法，不知此後世算家借臺形以通其術，其算術名三歸也，三
> 歸是法，又無定數，謂管氏此臺可以三歸算之，因以為名可乎？

〔註17〕見程樹德《論語集釋》頁三八九引包慎言《溫故錄》，其書今佚。

案「三歸」之說，古來頗有數解：

　　「取三姓女」：《集解》包咸主之。

　　「臺名」：朱熹《集註》主之。

　　「地名」：翟灝《四書考異》主之。

　　「家有三處」：俞樾《群經平議》主之。

　　「三姓」：包慎言《溫故錄》主之。

　　「藏貨財之所」：武億《群經義證》、宋翔鳳《論語發微》、宦懋庸《論語
　　　　稽》皆主之。

案以上諸說以三歸爲藏貨財之所最爲有力。娶三姓女之說俞樾《群經平議》已駁之
矣：

　　　　就婦人言之謂之歸，自管仲言之當謂之娶，乃諸書多言三歸，無言三
　　娶者，且如其說，亦是不知禮之事，而非不儉之事，則其說非也。

主「藏貨財之所者」散見諸家，宋氏《發微》云：

　　　　三歸，臺名，古藏貨財之所，聚斂即是不儉，若娶三姓女，則桓公安
　　得賞之。

武億《群經義證》云：

　　　　臺爲府庫之屬，古以藏泉布。《史記・周本紀》「散鹿臺之泉」，《管子・
　　三至篇》「請散棧臺之錢，散諸城陽，鹿臺之布，散諸濟陰」，是齊舊有二
　　臺，以爲貯藏之所。《韓非子》管仲相齊云云，以三歸對貧言，則歸臺即
　　府庫別名矣。泉志載布文有齊歸化三字，疑爲三歸所聚斂之貨。又《晏子
　　春秋・內篇》云「管仲恤勞齊國，身老賞之以三歸，澤及子孫」又一證也。

《韓非子》管仲相齊曰「臣黃矣，然而臣貧，桓公曰：使子有三歸之家。」（黃氏《後
案》引）今以《韓非子》得三歸而富之語，及《晏子春秋・內篇》身老賞之以三歸
觀之，正與儉對勘，可備一說，集註云三歸臺名，然未詳之，方氏以三歸當仍舊注
爲娶三姓女，則誤信毛奇齡《論語稽求篇》，攻朱《集註》之言，是其失也。

　　總之，《論語偶記》一書乃方觀旭致力尤勤之作，爲其《論語》研究所得，雖未
及粹萃精美地，然亦頗有高明之見，可供研究《論語》者作佐參矣。

十二、徐天璋《論語實測》

　　徐天璋，字睿川，號曦伯，江蘇泰州人，生平未詳。

　　《論語實測》二十卷，民初排印本，書首有咸豐九年（1859）徐氏自序，略云
孔子生當春秋，或因政治感言，或爲君相托諷，質之《史記》世家、年表、年譜、

弟子列傳、《春秋》三傳、管晏諸子、大小戴《記》、《家語》等書，蛛絲馬跡，皆可尋繹，因著此書，「所謂實者，經史子集顯有明徵；所謂測者，比例參觀若合符節。實以爲注，測以爲按。」此即是編成書之由并其體例也。

夫徐氏以《論語》篇章之大義，徵於史實以印證之，是以事證理，兼以明聖經非空談也，其徵實精神固可喜焉，唯二十篇中，必一一證以事實，或謂此說必指某事，恐易失於牽強附會，此讀者不可不慎也。

十三、謝崧岱、謝崧岷《論語章數字數表》

謝崧岱，字佑生；崧岷，字晉卿，昆仲也。湖南湘鄉人，生卒年俱不詳。

《論語章數字數表》二卷，光緒十四年（1888）掌經榭謝氏刊本。卷首有光緒十三年洪良品序，及十二年崧岱自序。是編原爲崧岱令其季弟崧岷校《論語》章字，以爲溫書之課，用心之法。表成之後，崧岱復細爲詳核，友人見之，謂有益童蒙，遂令付梓焉。

夫經籍之有章字計數，乃漢儒舊法，洪良品氏序云：

> 趙邠卿〔註18〕《孟子題辭》謂《孟子》七篇，二百六十一章，三萬四
> 千六百八十五字，是章字計數，漢儒舊法也。

趙氏章字既定，則後人苟有增損立可知矣！此章字計數之爲功也。謝氏昆仲既秉漢儒舊法，爲此《論語章字》，然以版本異同、章句分合，各說不一，殊難齊也，故宜定其所本焉，觀其凡例云：

> （一）章數以《義疏》（皇侃）、《正義》（邢昺）、《集註》（朱子）三本爲主，亦
> 　　　間采諸儒之說，然非確有證據，義理極長者，亦不敢從。
> （二）問答止算一章，以問爲主，答因問而有也，並問者從重，遞問者並書。
> （三）每章下倣疏例註明起止，互有多寡，各註於下，確爲原有之字，後人脫
> 　　　漏者，據古本算入字數，原無而後人誤增者亦據古本不入字數，字之異
> 　　　同不註。

本此例以定其字數，至內容則分孔子及諸弟子，依序列之，各章亦因其名而分屬之，如「子」、「有子」、「曾子」、「子夏」、「子禽」、「子貢」……章目清晰，字數立見，可便於逐章查檢也。唯凡例第四所謂三本字數互有多寡，皆各註於下，此固不得不然也，今觀是編之作，亦可略備檢索焉。崧岱另有《論語章句》二卷（光緒二十一年刊本），亦由《章數字數表》而出也，大抵同以三本（皇、邢、朱）而定其分合，茲不贅矣！

〔註18〕趙歧，字邠卿，東漢長陵人（約西元108～201）。著有《孟子章句》及《三輔決錄》。

〔附〕辨僞類

一、丁晏《論語孔注證僞》

丁晏，字儉卿，號柘唐，別名柘堂。江蘇山陽人，生於乾隆五十九年（1794），卒於光緒元年（1875），道光元年（1821）舉人。阮文達爲漕督，延江藩主講麗正書院，發策問漢魏易十五家，先生條對萬餘言，江藩稱其好學深思，擷群籍之精，抉象之奧，時尚未冠也。中舉人後，官內閣中書，早歲治經，復熟於《通鑑》，故經世優裕。嘗在籍辦堤工，司賑務，修府城，浚市河，皆有功於鄉里。咸豐中治團練，以守城功加三品銜。先生篤好鄭學，於《詩》箋、《禮》注，致力尤深，晚年治《易》，尤嗜《程傳》，爲述傳一書，最得漢師遺意，論者謂道咸以來，唯先生能以漢學通宋學焉。主要經學著作有《三禮釋注》八卷、《毛詩陸疏校正》二卷、《周易述傳》二卷、《尚書餘論》二卷、《左傳杜集解正》八卷、《論語孔注證僞》二卷等。

《論語孔注證僞》二卷，合眾圖書館叢書本。卷首有道光元年王引之序、及嘉慶二十二年丁晏自序，丁氏並有發凡以明是編之體例。卷末且署有「道光元年儀徵劉文淇、寶應劉寶楠校讀」二行及民國三十四年吳縣顧廷龍跋，王引之於序中盛讚此編「舉千數百年之愚惑，一朝而盡解之，其識卓矣！」劉文淇、劉寶楠則有清一代二碩儒也，皆爲其校讀而首肯之，由此足見是編之可取資也。

觀夫丁氏所斷，《論語》孔註非出自安國之手，其要證有三，一曰兩漢諸儒皆不言孔氏爲《論語訓》，二曰孔注不諱漢帝名，三曰安國卒於武帝元狩之末，不得至天漢後訓解《論語》。既以此三證而斷安國未嘗作《論語訓》，而作僞者何人？其論曰孔注與《書》傳、《家語》、《孔叢子》說多相似，因是斷爲王肅所僞，此即是編主旨。唯篇中尚及孔鄭異同、孔注之失，《史記》引《論語》、《說文》稱古文《論語》、孔注各本異同等諸論，乃因孔注而推闡者，其說雖詳博，然不免略嫌龐雜也，茲錄其前述四要證以略探其說焉。

（一）兩漢諸儒皆不言孔氏爲《論語訓》

丁氏輯錄班固《漢書‧藝文志》、荀悅《漢紀‧成帝紀》、王充《論衡》諸書所載，皆謂《論語》齊魯傳說若干篇，古論則但詳篇數，不云有說，又謂武帝末魯恭王壞孔子宅而得古文《尚書》及《禮記》、《論語》、《孝經》凡數十篇，皆古字也。孔安國者孔子後也，悉得其書，安國獻之，遭巫蠱事未列於學官，祇言安國得《論語》而不言其訓說。故丁氏云：

> 夫班固作志本諸《七略》，向歆校書祕府，總彙群籍，西京說《論語》者十二家，俱備載其篇數焉，有以聖裔所訓之古文，反置焉不載者？則知

安國未嘗有注,故孟堅不之及也。

兩漢之書既無孔安國訓《論語》者,則《家語・後序》言古文《論語訓》十一篇,其不足信也明矣!自此以後,若《隋書・經籍志》、陸德明〈序錄〉、皇侃〈義疏序〉、邢昺疏皆言古《論語》二十一篇,安國若果有注,即當就其所傳古文爲之,不應更爲減少,故此十一篇之說應屬僞矣!

（二）孔注不諱漢帝名

漢儒傳經,於本朝之諱皆避寫,然《集解》所載孔注皆不避諱之,丁氏云:

> 「哀公問社於宰我,」孔曰凡建邦立社。「式負版者」,孔曰持邦國之圖籍。「民無信不立」,孔曰治邦不可失信。「邦有道穀」,孔曰邦有道當食祿。「稱諸異邦曰寡小君」,孔曰對異邦謙故曰寡小君。則顯犯高帝諱。「齊景公問政於孔子」,孔曰陳恆制齊。則顯犯文帝諱〔註19〕。安國仕武帝時,去高祖文帝時甚近,焉能於君上之名竟如是直書不諱哉?此作僞者顯然大破綻也。又《後漢書・李業傳》,業歎曰:「危國不入,亂國不居」,夫東漢去西京已遠,而諸儒猶避高諱,況安國身仕漢初者乎?史公爲安國弟子亦避漢諱,況安國稍處其先者乎?則今之孔注其不出安國之手,亦不待智者而後知矣!

（三）安國卒於武帝元狩之末,不得於天漢末訓解《論語》

《論語》孔注始見於《家語・後序》,〈後序〉謂天漢後魯恭王壞孔子宅,得壁中古文字,安國集錄《家語》既成,會值巫蠱事寢。又言安國六十卒於家,凡此諸說,丁氏皆駁斥其僞妄,特詳列景帝前二年恭王始立,迄征和二年巫蠱事,凡六十五年條辨之,得其證云「恭王壞孔宅實景帝時事也」,又考安國之卒云:

> 景帝之後元年(西元前一四三),恭王徙魯甫十二年,正即位之初年,廣大其宮之日也。是時安國得書既能考而讀之,至幼亦當十餘歲矣!若景帝末,安國年十五,則建元五年(前一三六),二十爲博士,歷十八年,元狩五年(前一一八)三十八歲爲諫議大夫,後加侍中,遷臨淮太守,幾四十卒,與《史記》所言蚤卒合,太史公親從安國游,其言必不誤也。

《家語・後序》云天漢後魯恭王壞孔子故宅,然《史記》以恭王二十六年薨,時爲元光六年(前一二九年),漢書以恭王二十八年薨,即元朔元年(前一二八),丁氏考證當從《史記》,則天漢元年(前一〇〇年)上距魯恭王之薨已二十有九年,安得有壞宅事?其作僞之跡明矣!安國卒於元狩之末,逮天漢之後,歿已二十餘年,又

〔註19〕漢文帝名恆,高帝邦之子,在位二十三年。

安得有論撰傳注之事乎？丁氏嘗考魯恭王壞孔宅事，應於景帝時爲是。

（四）孔注與書傳、家語、孔叢子說多相似，因斷為王肅所偽

　　前述三事僅能據以斷孔安國未作《論語注》，此則進而論斷作偽之人即是王肅。蓋《書傳》、《家語》、《孔叢子》業經前人斷定乃王肅所偽，丁氏爰就孔注與此三書相較，乃見其說多相似，因以斷其同出一手，如考《論語》「河不出圖」云：

> 孔曰河圖八卦是也，《尚書・顧命》偽孔傳亦云河圖八卦，伏羲王天
> 下，龍馬出河，遂則其文以畫八卦，謂之河圖。《正義》曰，王肅亦云河
> 圖八卦也。夫《論語》孔注宛與偽書傳同，已屬可疑，而肅說又與之合，
> 益信《論注》、《書傳》俱爲子雍依托，不然何訓解之同若是乎？

他如〈子張〉篇「子張曰書云高宗諒陰，三年不言」，〈堯曰〉篇「予小子履敢用玄牡，敢昭告于皇皇后帝」及「敏於事」、「屢憎於人」、「狂簡」、「少者懷之」、「必變色而作」等諸訓故，《論注》、《書傳》皆相同，苟非出自一手，安得訓釋如是其雷同耶？至王肅注《家語》傳本與《論語》孔注相較，亦多符合，如：

> 「弋不射宿」，孔曰弋繳射也。家語「王言解」王注弋繳射也。「大德
> 不踰閑」，孔曰閑猶法也。「五儀解」德不踰閑，注閑法也。「一簞食」，孔
> 曰簞笥也，「致思篇」注簞笥。「少者懷之」，孔曰懷歸也，「執轡篇」注懷
> 歸也……以上所列，宛出一手，益信孔注爲子雍所托無疑。

而《孔叢子》與《論語注》之雷同，丁氏云：

> 朱子謂《書傳》并序與《孔叢子》同是一手偽書，訓詁亦多出《小爾
> 雅》，此等識議眞是卓絕千古。今案《論語》孔注亦頗有出於《孔叢》者。
> 「未之也已」，孔曰之適也；「食旨不甘」，孔曰旨美也；「怨乎不已」，孔
> 曰以用也；訓釋並見廣詁篇。「恂而不愿」，孔以愿爲謹愿，廣言愿謹也；
> 「敝之而無憾」，孔曰憾恨也，廣言憾恨也；「當暑紾絺綌」，孔曰絺綌葛
> 也，廣服葛之精者曰絺，粗者曰綌。竊謂《論語》孔注亦偽撰《孔叢》一
> 輩人所依托。

綜上所述，而《論語》孔注之偽實出自王肅一手，丁氏之論應屬可信，且是編之所蒐采，可謂旁徵博引，巨細靡遺，凡足以證明孔注之妄，王肅之偽者，幾已網羅殆盡，唯諸多證據皆采於《集解》之外所獲，其於《集解》本身似罕言及，愚嘗試就《集解》所錄王肅注以校孔注，略有小獲，其與丁氏之書固萬分不及一，然亦不無小補也，姑述之。

　　謹案《集解》所采孔安國注凡四六二條，采王肅注凡三十五條〔註20〕，因考其孔注與王注並見一章者，計得十一章〔註21〕，此十一章中，可以顯見其雷同者，蓋五章焉，茲分述之。

　　（一）〈公冶〉篇「子謂公冶長可妻也」章：

　　　　孔曰：冶長弟子魯人也，姓公冶名長，縲黑索，絏攣也，所以拘罪人。

　　王曰：南容弟子南宮縚魯人也，字子容，不廢，言見用。

　　案：二氏訓釋語氣相似，又此章之疑，丁氏書中亦嘗及之矣〔註22〕。

　　（二）〈雍也〉篇「樊遲問知」章：

　　　　孔曰：先難後獲，先勞苦而後得功，此所以爲仁也。王曰：務民之義，務所以化道民之義也。

　　案：此章二氏之訓，語法句型如出一轍，當是同一人作也。

　　（三）〈顏淵〉篇「顏淵問仁」章：

　　　　「爲仁由己而由人乎哉」孔曰：行善在己不在人也。「回雖不敏請事斯語矣」王曰：敬事此語必行之。

　　案：此章二節雖各有說解，然「爲仁」孔注曰「行善」，下節王注則曰「必行之」，似相呼應也，豈非上節王肅亦如孔氏注作「行善」耶？此一破綻也。

　　（四）〈子路〉篇「定公問一言而可以興邦」章：

　　　　「言不可以若是其幾也」王曰：以其大要，一言不能正興國。幾，近也。有近一言可以興國。「如知爲君之難也，不幾乎一言而興邦乎」孔曰：事不可以言而成，如知此則可近也。

　　　　「不幾乎一言而喪邦乎」孔曰：人君所言善，無違之者則善所言不善而無敢違之者，則近一言而喪國。

　　案：是章朱熹《集注》訓「幾，期也」，唯王肅與孔注同訓近，又王曰「有近一言可以興國」，孔曰「則近一言而喪國」二語彷若一人之言也，既

〔註20〕孔注與王注之數，或以版本之異略有出入，茲依曾秀景《論語古注輯考》（學海出版社）頁140所統計爲說。

〔註21〕即〈里仁〉篇「子曰不仁者不可以久處約」、〈公冶〉篇「子謂公冶長」、〈雍也〉篇「子曰雍也可使南面」、「樊遲問知」、〈子罕〉篇「子曰麻冕禮也」、〈鄉黨〉篇「孔子於鄉黨」、〈顏淵〉篇「顏淵問仁」、〈子路〉篇「子路曰衛君待子而爲政」、「子曰善人爲邦百年」、「定公問一言而可以興邦」、〈季氏〉篇「孔子曰益者三樂」等十一章。

〔註22〕丁晏云：「孔注南容不廢與王注如出一手，亦可見事之僞者無往而不見其僞也。」亦全書僅見就《集解》本身而互校其可疑者。

訓相近，又同語氣，寧非本屬一人之作乎？

（五）〈季氏〉篇「孔子曰益者三樂」章：

「樂驕樂」孔曰：驕樂，恃尊貴以自恣也。

「樂佚遊」王曰：佚遊，出入不節也。

「樂宴樂」孔曰：宴樂，沈荒淫瀆也，三者自損之道也。

案是章作僞之跡最顯矣！三句之句型宛若一式，此其一也。又《集解》於「三樂」之訓，一句采王注，二句采孔注，然孔注明言「三者自損之道也」，則孔注於「樂佚遊」亦當有所訓解，而王注於另二句亦不應無訓說也，然則王、孔之訓說無乃雷同而《集解》遂各采王一孔二以成此三者之訓乎？是又不能無疑也。

今所錄五事，較丁氏書雖微不足道，然謂爲愚者一得可也。而丁氏之書已稱詳博矣，王引之歎爲卓識，劉寶楠、劉文淇諸家審閱，雖有簽注討論，然大體護持，故知其結論應屬可信。與丁晏同時之沈濤有《孔注辨僞》之作，沈氏乃斷爲何晏所僞，固屬臆說，而其所采錄亦未若是編之精博，洵弗如也。由是而益見是編之足資參考也。

二、沈濤《論語孔注辨僞》

沈濤，字西雍，號匏廬，別名爾政、季壽。浙江嘉興人，生於乾隆四十年（1775），卒於咸豐十一年（1861），嘉慶十五年舉人。授江蘇如皋知縣，歷官直隸大名、宣化、下定知府，江西鹽法糧儲道，福建興泉永道，有政聲。治考訂之學，兼嗜金石。取五經五緯爲十經以名齋，段懋堂爲作記。主要經學著作有《論語孔注辨僞》二卷，《說文古本考》十四卷等。

《論語孔注辨僞》二卷，《幼順堂叢書》本，卷首有道光辛巳（1821）沈濤自序云：

孔子十一世孫安國爲漢武帝博士，《史記・孔子世家》、《漢書・儒林傳》皆不言其著書，而其書之傳於今者，則有古文《尚書》、《孝經》二傳，識者皆疑其僞，獨《論語》傳散見於何氏《集解》中，古今無異議，近世劉端臨學博、陳仲魚徵君、臧在東文學，始疑之而未敢訟言攻之，以余觀之亦僞書也。

按劉端臨（台拱）作《論語駢枝》〔註23〕，陳仲魚（鱣）作《論語古訓》〔註24〕，臧在東（庸）作《拜經日記》，皆疑其僞，然但以片段言之耳，未若沈氏此編所述之

〔註23〕見本文第六章「漢宋兼采派《論語》著述析論」。

〔註24〕見本文第四章「漢學派《論語》著述析論」，第一節傳注類。

詳也。是編之論點，蓋舉五事以證其書之僞，今歸納之如后：

(一)《漢書·藝文志》於古文《論語》但云「《論語》古二十篇，出孔壁中，兩子張」而已，並不云有孔氏說若干篇。

(二)何氏《集解·序》云「《古論》惟博士孔安國爲之訓解，而世不傳」，既云「世不傳」矣，平叔所集又從何得？

(三)司馬遷親從安國問，故宜不背其師說，今考之〈孔子世家列傳〉，皆與孔注不合。

(四)鄭康成就《魯論》篇章考《齊》、《古》，爲之注，以《齊》、《古》讀正凡五十事，今《釋文》所引鄭讀之從《古》者，孔注率同《魯論》，安國既注《魯論》，字豈轉不從《古》？

(五)許叔重《解字·序》云稱《論語》古文，今《說文》所引《論語》之字，每與孔注不同。

上列五事即沈濤認爲《論語》孔注係屬僞書之證，至所僞之人，沈氏以爲「蓋當塗之世，鄭學盛行，平叔思有以難鄭而恐人之不信之也，於是託於西京之博士，闕里之裔孫，以欺天下後世，范武子所謂罪浮桀紂，此蓋即其一端。」以孔注乃何晏所僞造，此沈濤之說也。就上述五證衡之，江瀚於《續四庫提要》已駁其中若干之非，江氏云：

> 至其列五證以明其僞，固非持之無故，然其中有意本可通者，亦必強爲辨駁，殊欠平允。如謂司馬遷嘗從安國問，故宜守其師說，不應歧異，則《史記》引用《尚書》已不盡係古文，何有於《論語》乎？又謂「當塗之世……此蓋即其一端。」斯言尤過，范寧之罪王何，以其蔑棄典文，不遵禮度耳，豈謂是哉？且晏被司馬懿誅族，殆亦魏室忠臣，《魏志》、《魏略》之言，恐俱屬誣詞。魏末傳云，晏娶同母妹爲妻，裴松之注已爲辨之，其餘乖實更可概見，況爲《論語》集解者不止晏一人，梁皇侃《義疏》載〈奏進論語集解序〉，共有孫邕、鄭沖、曹羲、荀顗、何晏五人之名，今以晏思難鄭而僞撰孔注，故入人罪，詎非又一冤獄乎？

江氏因未能苟同於何晏作僞之說，故爲其如此辯護，皆可各備一說也。至沈氏第一證謂《漢書·藝文志》未見《論語》孔注之載，及第二證《集解·序》已云「世不傳」，而書中又錄孔注之矛盾，此二事古來早已存疑，皆懸而未能解也。沈氏據此以斷定今所見之孔注，非安國所作，理似可通，唯據以斷定乃何晏所僞，則缺乏有力之證也，觀是編所錄凡六十七條，而其中有甚多持論只謂孔注淺陋，或他注勝過孔注者，蓋各家論說相較，各有勝劣，此勢所必然，乃謂其劣者便屬僞造，其可通乎？

如「子貢曰我不欲人之加諸我也」章：

> （孔曰）言不能止人使不加非義於己也。

> 濤案：《集解》引馬注曰：「加，陵也。」《義疏》引袁宏曰：「加，不
> 得理之謂也。」然則「加」即「非義」，不得於「加」下再添「非義」二
> 字，孔注之淺陋如此。

沈氏此處引馬注及袁宏之釋「加」，以斥孔注爲重義，似嫌牽強，殊難服人。又「自
行束脩以上」章：

> （孔曰）言人能奉禮自行束脩以上則皆教誨之。

> 濤案：《後漢書・延篤傳》注引鄭注曰：「束脩謂年十五以上也」。又
> 《後漢・馬援、杜詩》二傳亦以束脩爲年十五。又《鹽鐵論》桑宏羊曰：
> 「臣結髮束脩得宿衛」，蓋亦謂年十五時，此必古《論語》家相傳舊說。
> 孔子十五志學，故人十五以上皆教誨之，闕黨互鄉童子皆年不及十五者。
> 鄭氏之說勝於孔注多矣！

沈氏但以「鄭氏之說勝於孔注多矣」而斷定此條之僞，倘若鄭氏之說勝於馬注、包
注，然則馬注、包注亦皆屬僞乎？其不可通至明矣！況沈濤自序中云「平叔思有以
難鄭」，故僞託孔安國說而作此注，則如此「淺陋」之論，如何能「有以難鄭」哉？
平叔豈若是其愚乎？再者，《集解》中未明言某家所言者，皆爲《集解・序》中所謂：
「有不安者，頗爲改易」，何晏若有深見，即於此處表之可也，又何勞另造一孔注而
淺陋如是者乎？沈濤所謂「恐人之不信之」，直是弄巧反成拙乎！故知今所見之《論
語》孔注，誠恐非安國原注，然亦未必是何晏所僞。丁晏《論語孔注證僞》已論之
詳矣（見前編），彼認係王肅所僞，而采證較沈氏富且有力，又得王引之、劉文琪、
劉寶楠諸儒許爲卓識，故二說之勝劣自有公論矣！

第三節　義理類

一、今文學義理類

（一）劉逢祿《論語述何》

劉逢祿，字申綬，號申甫，別名思誤居士，江蘇武進人，生於乾隆四十一年
（1776），卒於道光九年（1829），嘉慶十九年進士，改庶吉士，散館授禮部主事，
在部十二年，恆以經義決疑事，爲時所推重。先生爲莊述祖之甥，幼時及見外祖莊
方耕（存與）先生，賞其早慧。長聞從舅珍藝（述祖）先生諸論，學益進，盡得其

外家之傳，於《春秋》獨發神悟。（著作甚多，詳參《清儒傳略》頁 300。）

《論語述何》二卷，《皇清經解》本，書後有嘉慶十七年冬至日劉氏自敘曰：

《後漢書》稱何邵公精研六經，世儒莫及，作《春秋公羊解詁》，覃
思不窺門，十有七年矣，又注訓《孝經》、《論語》、《風角》、《七分》，皆
經緯典謨，不與守文同說，梁阮孝緒《七錄》、《隋・經籍志》，不載何注
《孝經》、《論語》之目，則其亡佚久矣，唯虞世南《北堂書鈔》，有何休
《論語》一條，大類董生正誼明道之旨，史稱董生造次必於儒者，又稱何
君進退必以禮，二君者游於聖門，亦游夏之徒也，《論語》總六經之大義，
闡《春秋》之微言，固非安國康成治古文者所能盡，何君既不爲守文之學，
其本依於齊魯古論，張侯所定，又不可知，若使其書尚存，張於六藝，豈
少也哉！今追述何氏多解之義，參以董子之說，拾遺補闕，冀以存其大凡，
孔鄭諸家所著，區蓋不言，其不敢苟同者，如魯僭帝妾母不稱夫人，當亦
引而不發之旨九京可作，其不以入室操矛爲誚讓乎。

此書之作，蓋緣於虞世南《北堂書鈔》卷九十六引何邵公《論語》注一條曰：「君子
儒將以明道，小人儒則矜其名。」劉氏據此而以爲何休有《論語》注〔註25〕，但久
已亡佚，故乃「追述何氏解詁之義，參以董子之說」以成《論語述何》一書。考其
內容，則多以《春秋》之旨，以說《論語》，今據胡師楚生〈劉逢祿論語述何析評〉
一文〔註26〕之分析，主旨約有四點：

1. 以正名之義相釋者

釋〈八佾〉篇「孔子謂季氏」章云：「此篇類記正名辨分之事。」釋〈季氏〉篇
「邦君之妻」章云：「春秋正適妾之名，仲子成風偶天王太廟異邦正之，不得稱大人
也。」釋〈堯曰〉篇「子張問於孔子」章云：「五美四惡，皆春秋法戒也，秦項之失，
皆以四惡也。」案此章五美四惡皆自命名定分，名實從，以求政令教化，畢張畢舉
之功也，皆屬春秋正名之所有事也。

2. 以張三世之義相釋者

如〈爲政〉篇「子張學干祿」章，劉氏釋云：「謂所見世也，殆，危也。春秋定
哀多微辭，上以諱尊隆恩，下以避害容身，慎之至也。」又如〈述而〉篇「子曰蓋
有不知而作之者」章，劉氏釋云：「不知而作，謂不肯闕疑，多聞，謂兼采列國史文，

〔註25〕〈雍也〉篇「子謂子夏曰，女爲君子儒，無爲小人儒。」何晏集解注：「君子儒將以
明道，小人儒則矜其名。」劉寶楠《論語正義》曰「《北堂書鈔》六十六引何休注文
同，當是何晏之誤。」
〔註26〕見於國立中山大學主辦，第二屆清代學術研討會論文。

擇善而從，取其可徵者，寓王法也。多見，謂所見世，識其行事，不著其說也。」
又如〈先進〉篇首章，劉氏釋云：「此篇類記弟子之言行，夫子所裁正者。先進謂先
及門，如子路諸人，志於撥亂世者，後進謂子游公西華諸人，志於致太平者。」上
述諸章非引申過於遼遠，則傅會過甚，非《論語》本意也。

3. 以異內外之義相釋者

如〈雍也〉篇「子貢曰如有博施於民」章，劉氏釋云：「春秋錄內而略外，必先
正君，以正內外，所謂取譬不遠也。」〈微子〉篇「齊人歸女樂」章，劉氏釋云：「定
公十四年，齊人歸女樂，《春秋》不書者，內大惡諱，定哀多微辭也，故唯去冬，以
明聖功之不終焉。」劉氏以爲此即「臣子之義，當先爲君父諱大惡，以此釋本章，
仍過於牽強、與事實無關。又如〈述而〉篇「互鄉難與言」章，劉氏釋云：「春秋列
國，進乎禮義者與之，退則因而貶之，此其義也。」然此章中進之與退，皆指互鄉
之人言語而言，非指春秋列國諸侯進退於禮義之事，劉氏以此相釋，仍屬推臆之說。

4. 以通三統之義相釋者

〈八佾〉篇「子曰周監於二代」章，劉氏釋云：「正朔三而改，文質再而復，如
循環也，故王者必通三統。周監夏殷，而變殷之質，用夏之文。夫子制春秋，變周
之文，從殷之質，所謂從周也。乘殷之輅從質也，服周之冕，從文也。」〈爲政〉篇
「子張問十世可知也」章，劉氏釋云：「繼周者，新周故宋，以春秋當新王，損周之
文，益夏之忠，變周之文，從殷之質，百世以俟聖人而不惑者也，循之則治，不循
則亂，故云可知。」又如〈八佾〉篇「子曰夏禮吾能言之」章，劉氏釋云：「夫子於
杞得夏時，以言夏禮，於宋得坤乾，以言殷禮，惜其文獻皆不足徵，故采列國之史
文，取夏時之等，坤乾之義，而寓王法於魯，黜杞故宋，因周禮而損益之，以治百
世也。」以上諸說，皆公羊家「王魯、黜杞、故宋」之說，劉氏持與《論語》相附，
恐非《論語》之本意也。

夫劉氏逢祿受學於常州莊氏，而以《公羊春秋》爲其所專，又主張「《春秋》者，
五經之莞鑰也」〔註27〕，故其作《論語述何》，乃處處引歸《春秋》之義，如釋「學
而時習之」曰：「學謂刪定六經也。」釋「人不知而不慍」曰：「知我者其惟《春秋》
乎。」釋「五十而知天命」曰：「謂受命制作，垂教萬世也。」釋「天將以夫子爲木
鐸」曰：「知將受命制作《春秋》，垂教萬世也。」諸如此類不勝其舉矣。《論語》書
中誠有和春秋大義相通之處，如前面所述者，倘將二書共同處並舉互證，以發明聖
人之微言大義，應可爲吾人所認同，然對於劉氏牽強附會之說，實不足爲式。觀其

────────────

〔註27〕見劉氏著《公羊何氏釋例敘》，《清儒學案》卷七十五「方耕學案」下亦有引之。

於〈左氏春秋考證自序〉所稱:「以春秋還之春秋,左氏還之左氏」之宣言,似更不應強《論語》以附會《公羊》,亦當「以《論語》還之《論語》,《公羊》還之《公羊》」,如是方不自相矛盾乎。

《論語述何》一書,雖有違傳統注疏之體例,別以《公羊》說而釋《論語》,然其對於日後宋翔鳳之《論語說義》、戴望之《論語注》、劉恭冕之《何休注訓論語述》以及王闓運之《論語注》,劉氏可謂先導矣,而常州今文經學派,於有清一代之漢學者中亦別樹一幟,迥異其斤斤於名物訓詁者,甚至日後康梁一派學者,亦都深受其影響,故知其勢力之不可忽略也。

(二)宋翔鳳《論語說義》

宋翔鳳,字于庭,江蘇長洲人,生於乾隆四十一年(1776),卒於咸豐十年(1860),嘉慶五年舉人,官河南新寧縣知縣,以老乞歸。咸豐九年重宴鹿鳴,加知府銜。先生亦莊氏(述祖)甥,其舅氏珍藝先生(述祖)謂,劉甥(逢祿)可師,宋甥可友,宋甥即先生也。通訓詁名物,志在西漢家法、微言大義,得莊氏之眞傳。主要經學著作有《論語說義》十卷、《論語鄭注》二卷、《孟子趙注補正》六卷、《孟子劉熙注》一卷、《小爾雅訓纂》六卷、《周易考異》二卷、《尙書略說》一卷等。

《論語說義》十卷,《皇清經解續編》本,乃以《論語》二十篇之內容爲主要素材,擇其別有心得者而發議論,大抵皆以公羊家之說爲本,乃繼劉逢祿《論語述何》之後,有以發揚其說者,以兩篇說爲一卷,凡十卷、名曰《論語說義》,蓋闡發公羊春秋大義者也。

是書既專爲公羊家言,故不免支離附會之處,有如劉氏《論語述何》者。此由其書中處處指歸「素王」、「受命制作」者,可見一斑矣。如〈爲政〉篇「五十而知天命」云:

> 孔子知將受素王之命,而託於學《易》,故曰假我數年五十以學《易》,可以無大過矣。

〈學而〉篇「人不知而不慍」云:

> 謂當時君臣皆不知孔子,而天自知孔子,使受命當素王,則又何所慍於人。

「言寡尤,行寡悔,祿在其中矣」云:

> 謹案《春秋》之作,備闕疑闕殆之義,應天制作,號令百世,儀封人知之,故以何患於喪告二三子,素王素臣昭然可知,當時聖賢作述之意,惟求寡尤寡悔而已。

此處稱孔子爲素王,且更稱二三子爲素臣,甚且將「學干祿」引申至《春秋》之作,

實已過濫矣。

又如「子張問十世可知」云：

> 素王受命之事子張能知之，故問受命作《春秋》之後，其法可以十世乎？

〈子罕〉篇「達巷黨人」章云：

> 孔子素王，如堯之大民無能名，達巷黨人先知受命獨發此言，一人而
> 已。然性與天道不可得聞，受命之故，存乎微言。

此章云「受命之故存乎微言」，前章乃云「素王受命之事子張能知之」前後顯有矛盾，要之皆望文生義，牽強附會有以致之也。諸如此類，全書處處可見，此蓋劉氏啓其端，宋氏踵其後，皆今文家之遺緒也。

然宋氏此書除以西漢今文家爲其說所本者外，亦頗采漢代其它經說以相佐參，而非純以公羊爲說者。其中引證得宜，值資參考者，如「禮之用和爲貴」章，說云：

> 六藝之文皆先王之道。《孝經》曰，教民親愛，莫善於孝，教民禮順，
> 美善於弟，移風易俗，莫善於樂，安上治民，莫善於禮。學者修其孝弟而
> 欲從事於六藝，則禮樂其先急也。五禮防萬民之僞，而教之中，中爲體，
> 其節文可見。六樂防萬民之情，而教之和，其聲音可知。可見者名其實，
> 可知者用於虛，故有子但言禮不可樂也。中庸之德極於中和，亦言和之用
> 也。樂者爲同，禮者爲異，禮之用和爲貴，同則相親也。先王之道斯爲美，
> 異則相敬也。小大由之有所不行，禮勝則離也。知和而和、不以禮節之亦
> 不可行，樂勝則流也。學者能明乎禮之用，則舉而措之天下，無難矣。

案宋氏此章廣引《孝經》及《禮記》、〈中庸〉、〈樂記〉中諸論證，與《論語》本章互爲發明，乃就事而論，依理爲說，條析分明，義甚中肯，不若向前之強詞傅會，斯爲可取者也。此外，本書雖名爲說義，然其中亦偶言及名物、典章、史事者，而大抵亦本今文家之說，如釋「道千乘之國」云：

> 公羊何休說曰，十井爲一乘，公侯封方百里，凡千乘。伯四百七十乘，
> 子男二百五十乘。

釋〈八佾〉云：

> 《白虎通・禮樂篇》：「天子八佾，諸侯四佾，所以別尊卑。」……故
> 《春秋公羊傳》曰：「天子八佾，諸公六佾，諸侯四佾。」《詩傳》曰：「大
> 夫士琴瑟御八佾者何謂也？佾者列也，以八八爲行列，八八六十四人
> 也。」……謹案：此今文家說，春秋時皆言女樂二八亦諸侯四四之數，《左
> 傳》始有卿大夫四、士二之說，服虔遂解爲六八、四八、二八，此古文家
> 說，非也。

總而言之,《論語說義》一書雖是承劉氏《論語述何》之餘緒,以《論語》比附於《春秋公羊》之微言大義,並稱孔子爲受命之「素王」,以制作《春秋》等立說,然較之劉氏《述何》,則宋氏之《說義》似稍勝之,其牽強附會之處姑不論之,而其於說義之餘,亦能略及名物訓詁,此其所以勝劉之處也。

(三)劉恭冕《何休注訓論語述》

劉恭冕,字叔俛,號勉齋,別名公俛。江蘇寶應人,生於道光四年(1824),或作道光元年(1821),卒於光緒九年(1883),或作光緒六年(1880)。光緒五年舉人。寶楠次子,入安徽學政朱蘭幕,曾文正克金陵,首關書局,朱以先生薦,文正素聞名,相見益訢合,校勘諸史,爲世所重,後主講湖北經心書院,專課經訓,湖北人士爭與於學,黃州、漢陽、沔陽、黃岡諸志竝出其手,寶楠治《論語正義》未成而卒,先生以十餘年之力,完刻成書。著有《何休注訓論語述》一卷、《古文通叚釋》、《廣經室文鈔》、《論語注疏長編》。

《何休注訓論語述》一卷,《皇清經解續編》本。自劉逢祿誤以何休有《論語注》〔註28〕,而作《論語述何》一書,其後宋翔鳳、戴望等繼之,競以《公羊傳》注而說《論語》。是編亦承其遺緒而作,然與上述諸人作法有異,蓋蒐采何休《公羊解詁》、《左氏膏肓》及《穀梁廢疾》三書中,引證《論語》之文句者,輯而成書,凡五十三則,次序乃依《論語》之篇章爲之,或附案語或無之,計屬「解詁」者四十九則,屬「膏肓」者二則,屬「廢疾」者二則;其中附案語者二十四則,無案語者二十九則。故是編之性質,實爲何休三本著作中,引證《論語》部分之考述耳。

是編中,凡無案語者,皆摘錄何書之原文以存其實。至於案語之內容,或闡發何書引《論語》該章之意旨,或申明徐彥疏之意旨,或鉤示《述何》注之所本,或附和逢祿、翔鳳、戴望之說,或匡正逢祿、戴望之誤說,或另引他書以證何義,此其大較也。

是編雖同爲宗《公羊》說,然於何注與《論語》不合者,並不全然附和,如「公羊桓八年傳」:

> 春曰祠,夏曰礿,秋曰嘗,冬曰烝,士不及茲四者,則冬不裘,夏不葛。解詁:士有公事不得及此四時祭者,則不敢美其衣服,蓋思念親之至也。故孔子曰:吾不與祭,如不祭。

恭冕案云:

> 《論語》言吾不與祭,是有攝祭可知。〈特牲饋食禮〉云:特牲饋食

之禮不諏日。注：士賤職褻，時至事暇可以祭，則筮其日矣，不如少牢大
夫先與有司於ヌ門諏丁巳之日。賈疏：鄭云時至事暇可以祭者，若祭時至
有事不得暇，則不可以私廢公故也。若大夫已上時至唯有喪故不祭，自餘
吉事皆不廢祭若有公事及病使人攝祭，故《論語注》云：孔子或出或病而
不自親祭，使攝者爲之，不致肅敬其心，與不祭同。就賈此疏所引《論語
注》繹之，明謂孔子仕爲大夫，得使人攝祭也。今劭公引以證士禮（原注：
劉逢祿《述何》、戴望《論語注》皆用之），非《論語》之旨。

此處恭冕以《儀禮‧特牲饋食禮》，賈公彥疏所引《論語注》「吾不與祭，如不祭」
之旨，以匡何休解詁中引此文證「士有公事不得及此四時祭者，則不敢美其衣服，
蓋思念親之至也」之非也。

　　恭冕此編之中大抵皆爲申明何義者居多，匡正何注者厥如上述，然間有本欲申
何義卻誤解何說者，此不得不明也，觀其「多聞闕疑」一節述云：

　　　　公羊隱三年〔註29〕，王二月己巳，日有食之。解詁：不言月食者，其
　　　　形不可得而睹也，故疑言日有食之。孔子曰多聞闕疑，慎言其餘，則寡尤。
　　　　（恭冕）案何意謂經書日有食之是闕疑，不言月食是慎言其餘。

謹案：《論語》此章之訓，《集解》包曰：「尤，過也。疑則闕之，其餘不疑，猶慎言
之，則少過。」解詁所謂「不言月食者」正是「疑則闕之」，而「疑言日有食之」，則
是「慎言其餘」也，此極淺顯而至易明者，然劉氏卻誤云「經書日有食之是闕疑，不
言月食是慎言其餘」，既是「闕疑」，又何來「書」之？既爲「不言」，復何「慎言」
哉？謬誤之至，不待言已。夫解詁所述，本不待釋即可明矣，多此謬釋，卻徒增讀者
之迷惑耳。劉氏此語誠可謂畫蛇添足，弄巧反成拙者也。諒或一時疏忽有以致之乎？

　　夫恭冕幼承家學，父寶楠及叔祖台拱皆名譽士林，恭冕既承家學，復秉遺志，
以釐定《論語正義》並付梓之，此蓋劉氏父子共同戮力之巨著也。至於《何休注訓
論語述》一編則摘錄之功多，發明之意少，論其貢獻，或可爲以《公羊》說《論語》
者，提供客觀事實，藉憑敷說，以免穿鑿。然學人應注意者，乃其主從關係之地位，
宜明辨之，蓋此編之作乃是何休引《論語》以證《公羊》，決非何休以《公羊》而注
《論語》，此亦恭冕與逢祿、翔鳳、戴望諸人迥異之處，不得不辨，否則又落入逢祿
誤以何休有《論語注》之舊案矣。

（四）戴望《戴氏注論語》

　　戴望，字子高，浙江德清人，生於道光十七年（1837），卒於同治十二年（1873）。

〔註29〕《十三經注疏本》作「公羊隱三年春，王二月己巳」。

諸生。一赴秋試，遂棄舉業。好讀先秦古書，受業陳南園，繼從宋翔鳳爲莊劉之學，皆兩漢今文也，性倨傲，門戶之見持之甚力，論學有不合家法者，必反覆辨難而後已，人故忌之。先生亦不妄交，交則必全始終。所學在《論語》，作《戴氏注論語》二十卷，凡三易稿而成。

《戴氏注論語》二十卷，《南菁書院叢書》本。是本未附敘，然《清儒學案》卷一百四十八（南園學案附戴望）有「注論語敘」一篇，謂：

> 《齊論》蓋與公羊家言相近，是二篇（問王、知道）者，當言素王之事，改周受命之制，與春秋相表裡，而爲（張）禹所去，不可得見，悕已！後漢何劭公、鄭康成皆爲此經作注，而康成遺說今猶存佚相伴，劭公爲《公羊》大師，其本當依《齊論》，必多七十子相傳大義，而孤文碎句百不遺一，良可痛也……望嘗發憤於此，幸生舊學昌明之後，不爲野言所奪，廼遂博稽眾家，深善劉禮部《述何》及宋先生《發微》，以爲欲求素王之業，太平之治，非宣究其說不可，顧其書皆約舉，大都不列章句，輒復因其義據，推廣未備，依篇立注爲二十卷，皆隸括《春秋》及《五經》義例，庶幾先漢齊學所遺劭公所傳。

由是篇敘文可見戴氏之學皆承劉逢祿、宋翔鳳之遺緒，蓋今文家之言也。逢祿作《論語述何》爲此派肇始者，翔鳳踵之，推闡其說，作《論語說義》、《論語發微》、《四書纂言》，至戴望嫌劉、宋大都約舉，不列章句，故乃綜采二氏，因其義而推廣之，補其未備，遂成此《論語注》二十卷。夫劉氏《述何》、宋氏《說義》二書之是非得失，前已備述矣，今戴氏既承其說，則得失亦無庸贅言，唯戴氏所補述間下己意者，亦往往失之穿鑿，且與經文詞意不甚符合，當略辨之焉。如〈爲政〉篇「道之以德齊之以禮有恥且格」云：

> 董子曰：王欲有所爲，宜求其端於天，天道之大者在陰陽，陽爲德，陰爲刑，刑主殺而德主生，是故陽常居大夏而以生育養長爲事；陰常居大冬而於空虛不用之處，以此見天之任德不任刑也。王者承天意以從事，爲政而任刑，不順於天，故先王莫之肯爲也。格當言恪，恪敬也，謂敬聽上命。

是章乃采漢儒董仲舒陰陽之說以入《論語》，非經文原旨。又其「爲政而任刑，不順於天，故先王莫之肯爲也」，似亦與事實未合，李光地《讀論語箚記》云：

> 就本文觀之，則似輕政刑而重德禮，然自堯舜以來，禮樂刑政，皆有專官，則政刑未嘗廢也，但不以是爲先耳。〔註30〕

〔註30〕參第五章「宋學派《論語》著述析論」。

李氏之說似較戴氏之說爲勝。至「格當言恪，恪敬也，謂敬聽上命」，蓋本於《漢書·貨殖傳》「於是在民上者道之以德，齊之以禮，故民有恥而且敬。」唯戴氏既承宋翔鳳之說，而宋氏《說義》，格仍訓正，抑有所不承乎？

　　夫戴氏之作此篇，雖云「凡三易稿而成」（《清儒學案》語），然觀其內容，則未臻嚴謹也。注中凡引他家說而錄其名者，唯見「董子曰」（仲舒）、「《孝經》說曰」耳，至於實剿他說而未明言者多矣，如劉氏《述何》、宋氏《說義》，此固其持論所本，皆無言之；〈八佾〉篇「杞不足徵也」，注「徵，成也」，本於《集解》包說；〈雍也〉篇「自牖執其手」注「爲切脈也」，原見於江聲《論語俟質》；諸如此類，皆剿襲前人之說，理應有所交代，而皆含混言之，殊非良範。江瀚《續四庫提要》譏之云：「此書實無可取，王先謙不肯收入《經解續編》，良有以也。」今本唯見於《叢書集成續編》（新文豐出版社），吾人讀之宜有所擇焉！

（五）康有為《論語注》

　　康有爲，原名祖詒，字廣廈，號長素，廣東南海人，生於咸豐八年（1858），卒於民國十六年（1927）。祖贊修，官連州教諭，治程朱學，有爲親受教，有志爲聖人，里黨戲號之曰「聖人爲」。光緒十四年，有爲年三十一初至京師，上書請變法，格不達。二十四年戊戌變作，出亡海外十六年，足跡所至，遍十三國。組保皇黨，與革命黨相抗衡，民國六年結張勳謀復辟，事敗避居美使館。蓋當前清時力主維新，舉國目之爲狂，至是力主守舊，舉國又目之爲怪云。所著書有《新學僞經考》、《孔子改制考》、《春秋董氏學》、《春秋筆削大義微言考》、《論語注》、《孟子微》、《大學中庸禮運注》、《大同書》等。

　　《論語注》二十卷，萬木堂刊本。卷首有光緒二十八年（1902）康氏自序，略云：

　　　　昔嘗爲注，經戊戌之難而微矣！避地多暇，不揣愚昧謬復修之，僻陋在夷，無從博徵，以包周爲今學，多采錄之以存其舊，朱子循文衍說無須改作者，亦復錄之，鄭玄本有今學，其合者亦多節取，後儒雅正精確者，亦皆采焉。其經文以魯論爲正，其引證以今學爲主，正僞古之謬，發大同之漸，其諸本文字不同，折衷于石經，不同者依漢，無則從唐或從多數，雖不敢謂盡得其眞，然于孔學之大，人道之初，亦庶有小補云爾。

大康氏一生以發揚孔教爲提倡，然其所尊者《公羊》說之孔教也，故其注《論語》也，亦以今文說爲所宗，凡爲今學者多采錄之，於古論則以爲劉歆所僞，故未之取也，此乃是編之大旨。唯康氏雖作《論語注》，然其視《論語》卻未若《公羊》之尊也，蓋康氏以爲《論語》二十篇乃出於曾子門人後學所纂輯，而曾子之學專主守約

（康氏語），故於子張之學攻之不遺，其爲一家之學說，而非孔門之全，乃謂以曾門弟子之狹隘而輯纂《論語》，必謬陋粗略，不得其精盡矣！故自序又云：

> 《論語》只爲曾門後學輯纂，但傳守約之緒言，少掩聖仁之大道，而孔教未宏矣！故夫《論語》之學實曾學也，不足以盡孔子之學也，蓋當其時，六經之口說猶傳，《論語》不過附傳記之末，不足大彰孔道也。

康氏此說無非爲崇尊其《春秋公羊》學說，故而貶抑《論語》以爲曾學，非孔教之正統也，其說實無足取。故其所注《論語》諸說，亦只蹈逢祿、戴望之絕途，無從再進也。甚有引證西俗以附會其說者，如〈八佾〉篇「子曰夷狄之有君，不如諸夏之亡也」，康氏云：

> 蓋孔子之言夷狄中國，即今野蠻文明之謂。野蠻團體太散，當立君主專制以聚之，據亂世所宜有也。文明世人權昌明，同受治於公法之下，但有公議民主而無君主，二者之治皆世界所不可少，互有得失，若亂世野蠻有君主之治法，不如平世文明，無君主之治法。

康氏之意以有君主爲中俗，爲野蠻；以無君主指西洋美法諸邦，爲文明。孔子謂夷狄之有君不如諸夏之亡，康氏則變爲諸夏（中國）有君，不如夷狄（西洋美法諸邦），此固非孔子本意，且顯然附會也。又〈衛靈公〉篇「子曰無爲而治者其舜也與」，康氏云：

> 此明君主立憲及民主責任之法，今歐人行之，爲孔子預言之大義也。

孔子所預言之大義，竟在西洋，不在中國，其可通乎？尤可議者，〈季氏〉篇「天下有道，則政不在大夫」，康氏改作「天下有道則政在大夫」，乃曰：今本有「不」字，衍，據舊本改定。政在大夫，蓋君主立憲，有道謂升平也，君主不負責任，故大夫任其政。

> 又「天下有道則庶人不議」，康氏改作「天下有道則庶人議」，曰：
>
> 今本有「不」字，衍，據舊本改定。大同天下爲公，則政由國民公議，蓋太平制有道之至也……若如今本庶人不議，則專制防民口之屬王爲有道耶？與群經義相反，固知爲衍文之誤也，或後人妄增。

康氏學稱博雅，唯不知其所據者何本，又考諸各本，亦未見有是說者，然則非康氏欲附會其說而捏造者乎？

夫常州今文學派，自莊氏存與啓其先河，逢祿、翔鳳揚其波而踵其緒，至康氏可謂集其成，就其所發《公羊》大義言，誠不可忽之矣，然揆諸欲強他經以附《公羊》說者，則難以服人也，其以今文說《論語》者即一例也，信乎其爲識者所不取焉。

二、漢學義理類

（一）焦循《論語通釋》

　　焦循，字里堂，號理堂，別名里堂老人。江蘇甘泉人，生於乾隆二十八年（1763），卒於嘉慶二十五年（1820），嘉慶六年舉人。先生學行誠篤，弱冠與阮文達齊名。文達督學山東浙江，俱招先生往游。性至孝，一應禮部試後，以生母殷病，不復北游，殷歿服除，遂託足疾，不入城市者十餘年。葺其老屋曰半九書塾，復構一樓曰雕菰樓，讀書著述其中。先生博聞強記，識力精卓，每遇一書，無論隱奧平衍，必究其源，以故經史、曆算、聲音、訓詁無所不精。易學三書及《孟子正義》，皆專家之業，揚州學者，與江鄭堂（藩）並稱二堂之目，而精卓過之。著作繁多，詳參《清儒傳略》頁258。

　　《論語通釋》一卷，木犀軒刊板。卷首有焦氏自敘，略言其論學宗旨與是編成書之由。焦氏以爲士大夫讀《論語》，若不能免於好惡毀譽之私，則爲未得《論語》之旨，所以故，乃未以孔子之言參孔子之言也。因以數十年功夫，以孔子之言參孔子之言，復以孟子之言參之，並佐以《易》、《詩》、《春秋》、《禮記》之書，或旁及荀卿、董仲舒、揚雄、班固之說，終獲一結論，謂「聖人之道，惟在仁恕，仁恕則爲聖人，不仁不恕則爲異端小道。」故是編凡有所論，皆以此旨爲宗。又感於戴東原氏嘗作《孟子字義考證》，于理道性情天命之名，揭而發之若天日，而惜其于孔子一貫忠恕之說未及闡發，故因鄭柿里舍人以書來問「未可與權」之由，及與門人論一貫及忠恕之道，推而說之，乃得十五篇，曰一貫忠恕、異端、仁、聖、大、學、多、知、能、權、義、禮、仕、據、君子小人。如是十五篇而統名之曰《論語通釋》，此即是卷編成之由也。

　　觀其釋「一貫忠恕」曰：

　　　　孔子以一貫授曾子，曾子云「忠恕而已矣」。然則一貫者，忠恕也，忠恕者何？成己以成物也。孔子曰：舜其大智也與，舜好問而好察邇言，隱惡而揚善，執其兩端用其中于民。孟子曰：大舜有大焉，善與人同，舍己從人，樂取于人以爲善，舜于天下之善，無不從之，是眞一以貫之，以一心而容萬善，此所以大也。孔子告顏子曰：克己復禮爲仁。惟克己斯能舍己，故告顏子以仁，告子貢以恕，告曾子以一貫，其義一也。人惟自據其所學，不復知有人之善，故不獨邇言之不察，雖明知其善而必相持而不相下，荀子所謂持之有故，言之成理，凡後世九流二氏之說，漢魏南北經師門戶之爭，宋元明朱陸陽明之學，近時考據家漢學宋學之辨，其始皆緣

於不恕不能克己舍己，善與人同，終遂自小其道而近于異端，使明于聖人一貫之旨，何以至此，故有聖人所不知而人知之，聖人所不能而人能之，顏子以能問于不能，以多問于寡，得一善則拳拳服膺，即大舜之舍己從人而孔子之一貫忠恕也，孔子焉不學而無常師，忠恕而已矣，一貫之旨，曾子明之，子貢識之而孟子詳之。

案一貫之說，自漢以來眾說紛紜，人各持一理，皆欲自圓其說。約之不外有二，一謂一貫即在忠恕之內，一謂一貫即在忠恕之外。焦氏此說即屬前者，其言「一貫者，忠恕也」可爲證。觀其所述，似乎「持之有故，言之成理」，然細察之，仍不免有疵。其所謂「一貫之旨，曾子明之」，考《史記‧弟子傳》，曾子少孔子四十六歲，孔子卒時曾年不及三十歲，孔子尚且三十而立，七十而從心所欲不逾矩，豈有曾子高明過孔子乎？此可疑也。又另條云：

閒一知十聞一知二何也？由一以通於十，由一以通於二也。若執一以持萬，何二與十之有？聖賢之學由一以推之，有能推至十者，有不能推至十者，推至十而後爲物格，而後爲盡性，格物者行恕之功，盡性者一貫之效。

前所云「一貫之旨，曾子明之，子貢識之而孟子詳之」，皆不與於顏子，然此條所云「聞一知十」蓋指回也〔註31〕，既云「推至十而後爲物格，而後爲盡性」、「盡性者一貫之效」，而顏回有「聞一知十」之能，亦當已具「一貫之效」也，何其讚許三子而獨顏子不與焉？又倘以「聞一知十」爲盡性，則顏子亦聖人矣，亦與孔子匹矣，然而聖賢又何以別乎？此皆焦氏所謂「以孔子之言參孔子之言」乎？參則參矣，而必爲之推演，逞其思辯，弄其文句，徒增學者困惑罷。世人常以訓詁名物之繁瑣爲苦，殊不覺推演義理者，其紛歧雜沓，較之訓詁家有過之無不及，況訓詁尚有實象可循，義理則憑虛而辨，得失尤不易明也。能不慎乎？

焦氏是編雖有上述微疵，然亦有尚屬平實，義仍可取者，固不能一概掩之也。如「釋學」一條云：

學而不思則罔，思而不學則殆，思與學並舉矣。乃又曰吾嘗終日不食，終夜不寢，以思無益，不如學也，然則聖人用功之序，先學而後思，蓋學爲入德之始功，思爲入聖之至境。

此條論學與思之次第功用，頗能破吾人之惑，誠爲平實之論也。今平心論之，是編所謂「通釋」意即「以孔子之言參孔子之言」然後思有以「通而釋之」也，然而《論

〔註31〕〈公冶長〉篇：「子謂子貢曰，女與回也孰愈，對曰，賜也何敢望回，回也聞一以知十，賜也聞一以知二。子曰，弗如也，吾與女弗如也。」

語》諸多篇章，夫子之言因人因時因地而各有不同之語，其中有可通，有不可強通
者，必欲以一己之成說，擯夫子之言而入其框，此宋儒之病也，苟通其可通、不違
聖人之旨，亦無妨也，若強欲以冰炭而相通之，必爲識者所譏矣！

（二）焦循《論語補疏》

焦循生平已見前篇。

《論語補疏》二卷，《皇清經解》本。《清儒學案》卷一百二十「里堂學案」錄
有《論語補疏・敘》，然《經解》本未錄。其敘略謂：

> 自學《易》以來，於聖人之道稍有所窺，乃知《論語》一書所以發明
> 伏羲、文王、周公之恉，蓋《易》隱言之，《論語》顯言之，其文簡奧，
> 惟孟子闡發之最詳最愷。

里堂平生精力所注，尤在《周易》，其《雕菰樓易學三書》有聲於士林，既通《易》
學，故於《論語》之恉，能互相闡發。又作《孟子正義》三十卷，以爲古之精通《易》
理，深得羲文周孔之恉者，莫如孟子，凡此皆其論學要旨也。自敘又言：

> 余向嘗爲《論語通釋》一卷，以就正於吾友汪孝嬰，孝嬰苦其簡而未
> 備，迄今十二年，孝嬰已物故，余亦老病就衰，因刪次諸經補疏，訂爲《論
> 語補疏》二卷，略舉通釋之義於卷中而詳言其大概如此。

此乃《補疏》編成之由也，亦可知《通釋》、《補疏》實互爲表裡，一略一詳耳。然
何以稱爲《補疏》，蓋補《集解》者也。故書中概以經文下附注《集解》文，後附按
語，此其通例也。里堂於《通釋・序》中已言「旁及荀卿、董仲舒、揚雄、班固之
說」，此皆先漢諸儒也，從此亦可略見其論學所宗仍以漢學爲主，文集卷十三〈寄朱
休承學士書〉云：

> 循讀東原戴氏之書，最心服其《孟子字義疏證》，說者分別漢學、宋
> 學，以義理歸之宋，宋之義理誠詳於漢，然訓故明乃能識羲文周孔之義理，
> 宋之義理仍當以孔之義理衡之，未容以宋之義理即定爲孔子之義理也。

故知里堂論學，亦主以訓詁明義理，此仍爲戴氏「經學即理學」之見也。惟《通釋》
與《補疏》二編，皆非專明訓詁之作，乃直明義理者也，而所論則非宋儒之義理，
此亦無可疑焉，然則即爲孔子之義理乎？吾亦未敢言也，當謂漢儒之義理或差近焉，
否則，亦只焦氏之義理耳。故是編之得失，江瀚《續四庫提要》稱其「精到處甚少，
在諸補疏中似差遜也」，此應爲公允之論。故今列此二編，屬漢學派之義理類也。

（三）阮元《論語論仁論》

阮元，字伯元，號雲臺，諡文達。江蘇儀徵人，生於乾隆二十九年（1764），卒

於道光二十九年（1849）。乾隆五十九年（1794）進士，改庶吉士，授編修，大考第一，超擢少詹事，歷官至內閣學士，戶禮兵工諸傳郎，浙江、江西、河南巡撫，兩湖兩廣雲貴總督，體仁閣大學士。累主文衡、嘉道間兩充會試總裁。先生為政崇大體，所至興學教士，在浙立詁經精舍，在粵立學海堂，選才雋諸生肄業，學風于振。論學宗旨在實事求是，自經史小學曆算輿地，金石辭章，鉅細無所不包，尤以發明大義為主。所編《經籍纂詁》、《十三經注疏校勘記》，傳佈海內，為學者所取資。所輯《皇清經解》，為言漢學者之總匯，嘉惠後學。主持風會者五十餘年，士林尊為山斗，為萬流所傾仰。其它經學著作尚有《論語論仁論》一卷、《孟子論仁論》一卷、《詩書古訓》十卷等。

　　《論語論仁論》一卷，《皇清經解》本。是編蓋取《論語》篇章之論仁者凡五十八章，〔註32〕，輯而說之，以闡夫子論仁之要義。卷首發凡曰：

　　　　元竊謂詮解仁字不必煩稱遠引，但舉曾子制言篇「人之相與也譬如舟車然，相濟達也。人非人不濟，馬非馬不走，水非水不流」，及中庸篇「仁者人也」鄭康成注「讀如相人偶之人」，數語足以明之矣！春秋時孔門所謂仁也者，以此一人與彼一人相人偶而盡其敬禮忠恕等事之謂也。相人偶者，謂人之偶之也，凡仁必於身所行者驗之而始見，亦必有二人而仁乃見，若一人閉戶齋居瞑目靜坐，雖有德理在心，終不得指為聖門所謂之仁矣。蓋士庶人之仁見於宗族鄉黨，天子諸侯卿大夫之仁見於國家臣民，同一相人偶之道，是必人與人相偶而仁乃見也……自博愛謂仁立說以來，歧中歧矣，吾固曰，孔子之道當於實者、近者、庸者論之，則春秋時學問之道顯然大明於世，而不入於二氏之塗，吾但舉其是者而非者自見，不必多辭說也。

夫阮氏此編之立說，蓋即根於「相人偶」一語，此乃漢代之俗語也〔註33〕，《儀禮·聘禮》「公揖入每門每曲揖」注：「每門輒揖者，以相人偶為敬也」。孫詒讓正義注云：

　　　　每門輒揖者，以相人偶為敬也者，賈疏云：以人意相存偶也。禮經釋例云：大射儀、公食大夫禮，注皆有相人偶之文，疏未明析。又中庸仁者人也，鄭注讀如相人偶之人，孔氏無疏，朱文公、王伯厚皆不知出於何書，俟考。

案《禮記·中庸》「仁者人也」注：「人也，讀如相人偶之人，以人意相存問之言。」此阮氏樂「相人偶」一語以釋「仁」字，其意無它，只在「必有二人而仁乃見」，故

―――――――――――――――――――――――――――――――――――

〔註32〕阮元於篇首謂「論仁者凡五十有八章，仁字之見於《論語》者凡百有五。」
〔註33〕見《大漢和辭典》卷八，頁一七五。以下所引并同此。

「仁也者，以此一人與彼一人相人偶，而盡其敬禮忠恕等事之謂也」，由是可知，重點在於「二人」以及「敬禮忠恕」諸語，此即是編論仁之所本也。如〈雍也〉篇「子貢曰如有博施於民章」云：

> 許叔重《說文解字》：「仁，親也，从人二」，段若膺大令注曰：「見部曰親者密至也，會意。中庸曰仁者人也，注人也讀如相人偶之人，以人意相存問之言。大射儀揖以耦，注言以者耦之事成於此意相人耦也。聘禮每曲揖注，以人相人偶爲敬也。公食大夫禮賓入三揖注：相人耦詩風箋云，人偶能烹魚者，人偶能輔道治民者。」元謂賈誼《新書・匈奴篇》曰：「胡嬰兒得近侍側，胡貴人更進得佐酒前上，時人偶之。」以上諸義是古所謂人耦，猶言爾我親愛之辭，獨則無耦，耦則相親，故其字从人二，孟子曰：「仁也者，人也。」謂仁，意即人也。

又如〈子罕〉篇「子罕言利與命與仁」章云：

> 元此論乃由漢鄭氏相人偶之說序入，學者或致新僻之疑，不知仁字之訓爲人也，乃周秦以來相傳未失之故訓，東漢之末猶人人皆知，並無異說，康成氏所舉相人偶之言，亦是秦漢以來民間恆言，人人在口，是以舉以爲訓，初不料晉以後此語失傳也，使其預料及此，鄭氏等必詳爲之說，不僅以相人偶一言以爲能近取譬而已。

阮氏既本此說而論，故其於五十餘章之說，皆根此以闡揚之，無庸贅矣。唯是編於《論語》之研究方式蓋采專論式，以「仁」爲主題，而統攝論仁諸篇章，後世遂有分類研究者，如許同萊《論語類輯》（正中書局），李一之《論語類編》（華國出版社），以及單篇論文以教育、政治、倫理、經濟等分類之研究者〔註34〕，皆陸續有之，爲《論語》之研究開闢新途，阮氏此編可謂其先河也。

（四）俞樾《續論語駢枝》

俞樾前已錄。

《續論語駢枝》一卷，俞樓雜纂本。是編蓋仿寶應劉端臨之《論語駢枝》體例而作，因題是名焉，亦僅十三條耳。江瀚《續四庫提要》評之曰：「是編雖云《續論語駢枝》，其實較劉氏之書幾猶玉之與砆。」今觀此十三條之說，固有一二可資參考者，而亦有顯然自相矛盾者，其餘皆泛泛無甚高論耳。如「願無伐善無施勞」一條云：

> 夫子路顏淵與夫子之志，雖大小不同，然皆有及物之意。若但曰不矜

〔註34〕參漢學研究中心編印，林慶彰主編《經學研究論著目錄》下冊（頁702至710），論語・分類研究。

　　　誇云爾,此亦何足爲志哉?……愚謂伐者敗也,《説文》人部,伐敗也。《藝
　　文類聚・武部》引春秋説題辭曰:伐之爲言敗也。是伐有敗義,乃是古訓。
　　施與弛通,〈微子〉篇君子不施其新,《釋文》施作弛,是其證。《國語・
　　魯語》,文公欲弛孟文子之宅,韋注曰:弛毀也。無施勞之施當讀作弛而
　　訓爲毀。善也勞也,皆以在人者而言,勞謂功也,人有善宜獎成之而勿敗
　　之,人有功宜保全之而勿毀之,是謂無伐善無施勞。

俞氏此說皆與前人有異,可備一說以資參考。倘如此釋之,則與子路「車馬衣裘與
朋友共」及夫子「老安少懷朋友信」之語意一例,皆有及物之意也,此蓋俞氏立說
之著眼處。至於「其諸異乎人之求之與」一條謂:

　　　皇疏本「與」下有「也」字,文義難通,始疑其誤,繼而思之,此句
　　「也」字正,非誤衍。上句「也」字之上蓋闕「與」字耳。經文本云「夫
　　子之求之與也,其諸異乎人之求之與也」,蓋子禽問子貢本有「求之與抑
　　與之與」兩意,子貢言「夫子溫良恭儉讓以得之」,夫曰「得之」則非「求
　　之」亦非「與之」矣,故繼之曰「夫子之求之與也,其諸異乎人之求之與
　　也」,與子禽問意相對。若如今本則止對「求之」一層,不對「與之」一
　　層,轉似夫子之必聞其政,眞爲人君所與矣!

案此條之論實多曲折牽強也。皇疏本經文下句固多一「與」字,然上句卻無之,俞
氏謂「上句也字之上蓋闕與字耳」,乃其自臆說,且皇疏亦不作此解,皇侃云:

　　　此明夫子之求,與人之求異也,人則行就彼君求之,而孔子至境推五
　　德以測求之,故云其諸異乎人之求之也,諸猶之也,與語助也。

皇疏於「與」但作語助詞,可見並無異解,俞氏爲強作異解,故捏造上句「也」上
闕「與」,以合其說,支偉成譏其「惟好改經字,末年稍自敕」(《樸學大師列傳》),
是其證矣。又此條所言「夫曰得之,則非求之,亦非與之矣」,亦有語病,蓋「得之」
爲果,「求之、與之」屬因,無論其因爲「求之」抑「與之」,而結果皆爲「得之」,
然則三者不可並列明矣。

　　又所論有相矛盾者,如「加我數年五十以學易」一條云:

　　　當以「加我數年」爲一句,「五十」爲一句,「以學易」爲一句,「五
　　十」二字承加我數年而言,蓋不敢必所假者幾何年,故著此二字,言五或
　　十也,使足成其文曰「假我數年,五年十年以學易,可以無大過矣」,則
　　文義便自了然。因上句已有年字,故五十下不更出年字,愚著《古書疑義
　　舉例》,有蒙上文而省之例,可以讀此經也。

案俞樾另有《論語平議》(《群經平議》卷三十)之作,於此章卻不作是解,乃云:

　　　　《集注》曰，五十當作卒。然於古無所徵，五十疑吾字之誤，蓋「吾」
　　　字漫漶，僅存其半則成「五」字，後人乃又加「十」字以補之耳。「加我
　　　數年，吾以學易」，上言我，下言吾，乃互辭也。隱元年《穀梁傳》曰「言
　　　君之不取爲公也」，范寧曰「上言君、下言公，互辭」，古人之文如此者
　　　甚多，《史記·世家》作「假我數年，若是我於易則彬彬矣」，下我字即
　　　此吾字。

俞氏對此章所以有迥然不同之二說，蓋因《群經平議》乃年輕時所作，俞樓雜纂
諸書則稍後之作，支偉成云：「逮後俞樓雜志、曲園雜纂諸書出，其析疑振滯，雖
多及前數書相仿，或精義較勝於昔，學隨年進，亦初不自諱也。」（《樸學大師列
傳》），雖是前修未密，後出轉精，然《古書疑義舉例》亦爲前期所著，今既舉其
「蒙上文而省」之例以證五十云云，而何獨不爲前說「我吾互辭」辨正以求持論
一致乎？

第四節　輯佚類

　　清代爲《論語》輯佚者有馬國翰（《玉函山房輯佚書》）、王仁俊（《玉函山房輯
佚書續編》、《補編》）、黃奭（《漢學堂叢書》，又名《黃氏逸書考》）、余蕭客（《古經
解勾沈》）、王謨（《漢魏遺書鈔》）、龍璋、孔廣林、袁鈞、趙在翰、曹廷棟、宋翔鳳、
王紹蘭等十二家，而以馬國翰所輯爲最備。茲據楊家駱先生編《叢書大辭典》輯佚
類〔註35〕所錄《論語》部分，及國立中央圖書館編《論語集目》〔註36〕所錄，訂補
之，並參以傅武光氏之分類，著錄於后：

一、輯經文者

　　《齊論語》一卷，馬國翰輯。
　　《齊論語問王知道逸文補》一卷，王紹蘭輯。
　　《古論語》一卷，馬國翰輯。
　　《逸論語》十卷，曹廷棟輯。〔註37〕
　　《逸論語》一卷，王謨輯。
　　《逸論語》一卷，趙在翰輯。

〔註35〕《叢書大辭典》，民國56年，中國學典館復館籌備處印行。
〔註36〕見《孔孟月刊》第二卷第八期。
〔註37〕《清史·藝文志》作「逸語」。

二、輯傳注者

《論語注》一卷，余蕭客輯古注。

《鄭玄論語》一卷，漢，鄭玄撰，龍璋輯。

《論語鄭氏注》一卷，漢，鄭玄撰，王仁俊輯。

《論語注》一卷，鄭玄撰，王謨輯。

《論語注》一卷，鄭玄撰，黃奭輯。

《論語注》十卷，鄭玄撰，袁鈞輯。

《論語注》十卷，鄭玄撰，孔廣林輯。

《論語注》十卷，鄭玄撰，宋翔鳳輯。

《論語篇目弟子注》一卷，漢，鄭玄撰，王謨輯。

《論語孔子弟子目錄》一卷，鄭玄撰，馬國翰輯。

《孔注論語》一卷，漢，孔安國撰，龍璋輯。

《論語孔氏注》一卷，孔安國撰，王仁俊輯。

《論語訓解》十一卷，漢，孔安國撰，馬國翰輯。

《論語訓說》一卷，馬融撰，馬國翰輯。

《論語燕傳說》一卷，漢闕名撰，馬國翰輯。

《論語夏侯說》一卷，漢夏侯勝撰，馬國翰輯。

《王氏論語說》一卷，漢王駿撰，馬國翰輯。

《馬融注論語》一卷，漢馬融撰，龍璋輯。

《論語章句》二卷，漢，包咸撰，馬國翰輯。

《包咸注論語》一卷，漢，包咸撰，龍璋輯。

《論語包氏注》一卷，漢，包咸撰，王仁俊輯。

《論語何氏注》一卷，漢，何休撰，王仁俊輯。

《何注論語》一卷，漢，何休撰，龍璋輯。

《論語章句》一卷，漢，周氏撰，馬國翰輯。

《論語麻氏注》一卷，漢，麻達撰，王仁俊輯。

《論語王氏注》一卷，三國，王弼撰，王仁俊輯。

《論語說》一卷，三國，王朗撰，馬國翰輯。

《論語義說》一卷，三國，周生烈撰，馬國翰輯。

《論語義說》一卷，三國，陳群撰，馬國翰輯。

《王肅注論語》一卷，三國，王肅撰，龍璋輯。

《論語義說》一卷，三國，王肅撰，馬國翰輯。

《論語注》一卷，三國，譙周撰，馬國翰輯。

《論語贊》，晉，謝道韞撰，馬國翰輯。

《論語注解》一卷，晉，蔡謨撰，馬國翰輯。

《論語注》一卷，晉，張憑撰，馬國翰輯。

《論語解》一卷，晉，殷仲堪撰，馬國翰輯。

《論語集解》二卷，晉，江熙撰，馬國翰輯。

《論語注釋》一卷，梁顗撰，馬國翰輯。

《論語集解》一卷，晉，孫綽撰，馬國翰輯。

《論語集注》二卷，晉，李充撰，馬國翰輯。

《論語讚注》一卷，虞喜撰，馬國翰輯。

《論語釋疑》一卷，晉，欒肇撰，馬國翰輯。

《論語體略》一卷，晉，郭象撰，馬國翰輯。

《論語旨序》一卷，晉，繆播撰，馬國翰輯。

《論語集注》一卷，晉，衛瓘撰，馬國翰輯。

《論語注》一卷，晉，袁喬撰，馬國翰輯。

《論語注》一卷，晉，范寧撰，馬國翰輯。

《論語釋》一卷，晉，庾翼撰，馬國翰輯。

《論語說》一卷，晉，繆協撰，馬國翰輯。

《論語隱義》一卷，晉，王謨輯。

《論語隱義注》一卷，王仁俊輯。

《論語說一卷，宋，釋慧琳撰，馬國翰輯。

《論語訓注》一卷，齊，沈驎士撰，馬國翰輯。

《論語》一卷，梁武帝撰，馬國翰輯。

《論語》一卷，梁，太史叔明撰，馬國翰。

《論語義疏》一卷，梁，褚仲都撰，馬國翰。

《論語義疏》一卷，梁，皇侃撰，王謨輯。

《論語說》一卷，熊理撰，馬國翰。

《論語說》一卷，沈峭撰，馬國翰。

三、輯讖緯者

《論語讖》八卷，魏宋均注，馬國翰輯。

《論語讖》一卷，魏宋均注，王仁俊輯。

《論語讖》一卷，黃奭輯。

《論語比考讖》一卷，魏，宋均注，馬國翰輯。

《論語譔考讖》一卷，魏，宋均注，馬國翰輯。

《論語摘輔象》一卷，魏，宋均注，馬國翰輯。

《論語摘衰聖》一卷，魏，宋均注，馬國翰輯。

《論語陰嬉讖》一卷，魏，宋均注，馬國翰輯。

《論語崇爵讖》一卷，魏，宋均注，馬國翰輯。

《論語糾滑讖》一卷，魏，宋均注，馬國翰輯。

《論語素王命讖》一卷，魏，宋均注，馬國翰輯。

《論語比考讖》一卷，魏宋均注，黃奭輯。

《論語譔考讖》一卷，魏宋均注，黃奭輯。

《論語摘輔象》一卷，魏宋均注，黃奭輯。

《論語摘衰聖》一卷，魏宋均注，黃奭輯。

《論語陰嬉讖》一卷，魏宋均注，黃奭輯。

《論語崇爵讖》一卷，魏宋均注，黃奭輯。

《論語糾滑讖》一卷，魏宋均注，黃奭輯。

《論語素王受命讖》一卷，魏宋均注，黃奭輯。

第五章　宋學派《論語》著述析論

　　宋儒治經，專說義理，唯歷經元明遞嬗，遂流於束書不觀，游談無根。清儒懲其空談心性，故以漢學爲標榜，目宋明義理之學爲宋學，江藩有《宋學淵源記》之作，以別於其《漢學師承記》之流派，於斯可見一斑。唯漢學一旦昌明，學者以訓詁小學相尚，許鄭之說，尊於周孔，雖欲正宋學空疏之弊，卻因矯枉過直，其一知半解者，乃痛詆宋學。然惠氏爲漢學之開宗者，尚云「六經尊服鄭，百行法程朱」，不以爲非，且以爲法，則漢宋不可偏廢，其至確矣！清初大儒如孫奇逢、陸隴其、王夫之諸人，皆篤志於理學，唯其著作皆屬四書兼治者，以四書本理學家立說之根源也。而單就《論語》學論，屬於漢學者多，宋學者少，有之，亦屬漢宋兼采者多，茲列純談義理之作，分述於后。

一、李光地《讀論語劄記》

　　李光地，字晉卿，號厚庵，別名榕村，諡文貞。福建安溪人，生於崇禎十五年（1642），卒於康熙五十七年（1718）。康熙九年進士（1670），累官至文淵閣大學士。先生學博而精，以朱子爲依歸，而不拘門戶之見。康熙朝儒學大興，左右聖祖者，孝感（熊賜履）、安溪（李光地）後先相繼皆恪奉程朱而深究天人，研求經義性理，旁及曆算樂律音韻，聖祖所契許而資贊助者，安溪獨多。先生學以濂洛關閩爲門徑，以六經四子爲依歸，尤深於《易》。卒諡文貞，雍正元年追贈獻子太傅，祀賢良祠。著有《周易通論》四卷、《尚書解義》一卷、讀《論語劄記》二卷等。（詳見《清儒傳略》頁 74）《讀論語劄記》二卷，綠猗堂鈔本。光地先生學以濂洛關閩爲門徑，是編之作亦以義理爲宗，不主訓詁名物。《四庫提要》云：

　　　　隨有所見即劄記之，但舉經首句標曰某章，其無所詮解者，則併其章
　　目不存焉。大旨皆主於尋求義理宛轉發明，不似近代講章，惟以描寫語氣

爲時文敷衍地也。

此爲其書之大略要旨，至於內容特點，茲略述於后：

（一）**以本經釋本經**：是編既爲闡發義理，而《論語》書中前後篇章容有理義相關者，光地輒能融貫諸篇，互爲引證以發明其義者，是以本經釋本經，誠善治經者也。如〈學而〉篇「子貢曰貧而無諂」章云：

> 無諂無驕在行上作功夫，樂好禮在學上作功夫。先有所立而後求其自得則樂好禮，亦須以無諂無驕爲基，但不可終身誦之耳。他日夫子之言自富貴貧賤不處不去，以至無終食之間違仁，亦此意也。此是論學問進步，不是評兩項人，子貢引詩言極切，故夫子深取之。

此處蓋引〈里仁〉篇「子曰富與貴是人之所欲也」章合看，二章皆同論貧富者也，然似更應與〈憲問〉篇「子曰貧而無怨難，富而無驕易」一章相較，則更能見得子貢與孔子對答之旨，光地則未之言也。又〈爲政〉篇「子曰吾與回言終日」章云：

> 後篇云回也非助我者也，正說其不違處。又曰於吾言無所不說，說則生意充滿，如草木之逢時雨，萌芽甲坼自不能已，是其足以發處。

此處乃引證〈先進〉篇「子曰：回也非助我者也，於吾言無所不說。」之文，夫子與回言終日，回皆不違如愚，故夫子云：「回也非助我者也」。教與學本可相長，然弟子於師所傳授，唯敬謹從之，當下皆不違如愚，而退後省其私，亦足以發，可見其非愚也，「於吾言無所不說」亦是「學而時習之，不亦說乎」注腳也。

（二）**引他經爲證**：光地治學以六經四子爲依歸，尤深於《易》，故是編有多處引《易》言輔證，以闡其義者，如〈學而〉篇「學而時習之」章云：「《易》所謂入而後說之，說而後散之者。」（《易·序卦》）；「君子不重則不威」章云：「《易》言忠信所以進德是也。」（《易·乾文言》）；〈公冶長〉篇「子使漆雕開仕」章云：「《易》所謂確乎其不可拔，潛龍也。」（《易·乾文言》）；〈述而〉篇「子曰聖人吾不得而見之矣」章云：「《易》曰浚恆之凶，始求深也。」（《易·恆卦》）；〈子罕〉篇「子曰麻冕禮也」章云：「《易》之小過曰：過其祖遇其妣，不及其君遇其臣，其意與夫子之言同。」上述所舉乃光地引證《易經》之言以闡《論語》經義者。此外又有引《孝經》者，如〈學而〉篇「道千乘之國」章云：「《孝經》所謂使民親愛莫善於孝，使民友讓莫善於弟，先儒以篤行修身爲化民善俗之本者此也。」亦有引《中庸》互證者，如〈八佾〉篇「或問禘之說」章云：「故《中庸》又引子之言曰：明乎郊社之禮，禘嘗之義，治國其如示諸掌乎。此論道之極致，而非可易爲或人言也。」以上乃光地引他經爲《論語》說解，是以經解經之法，亦治經之善途也。

（三）**持論中肯者**：是編除上述以本經相釋，或引他經互釋外，另有自闡其義

而言之成理者，頗值吾人參考，故錄之於后。如〈為政〉篇「道之以政」章云：

> 就本文觀之，則似輕政刑而重德禮，然自堯舜以來，禮樂刑政皆有專
> 官，則政刑未嘗廢也，但不以是為先耳，若後世則專務政刑，又不但以為
> 先而已也。故朱子言政者為治之具，刑者輔治之法，德禮則所以出治之本，
> 而德又禮之本，可謂反覆詳盡。首章言為政以德正此意也。

又云：

> 皋陶言治亦先之以九德，然後及於五典五惇、五禮有庸、五服五章、
> 五刑五用〔註1〕，本末先後自古然矣。帝之命曰：以弼五教，刑期無刑，
> 意可見也。春秋之世反之而禍及於亡秦，故夫子言此以警時弊，非謂先王
> 之道盡廢政刑也。

光地此論可謂深得經旨，德與禮固為治之本，然以之為先卻不可因之而廢政刑，讀
夫子此言切不可滯於理論而昧於事實，徒有政刑而乏德禮，固是窮事枝末，非為務
本。然而只標德禮，盡廢政刑，卻亦不可行。三代盛世，太平之治，非一蹴可及，
為治者豈能不按部就班乎？

又如〈泰伯〉篇「子曰興於詩」章云：

> 「志於道，據於德，依於仁，游於藝」，首一字是用功處；「興於詩，
> 立於禮，成於樂」，首一字是得效處。文雖同而意異，然二章之理有可相
> 通者，感發興起是志道中事，卓立不惑是據德中事，純粹完成是依仁中事，
> 至於詩禮樂皆藝也，其精者與道德仁同歸，故可以興以立以成。其粗者為
> 篇章文辭器數聲容之屬，亦莫非至精之所寓，故彼言道德仁又言藝，而此
> 則混而一之。

此處「用功處」與「得效處」之說，確為精論，二者雖同為動詞，然一者為用功之
始，一者為收效之終。《論語》篇章本即弟子等人所記錄，雖非一有系統之說論，然
從各篇章中多方統整，亦可見得孔子思想之系統，而「志於道，據於德，依於仁，
游於藝」章即其一也，「興於詩，立於禮，成於樂」章又其一也，光地此處以二章融
貫之，會其相通者，以明夫子之微旨，而儒家思想要義，亦可略見一斑矣。

上面已將是編特點略述畢，此外，是編之中亦間有持論失允，語欠周密者，自
當錄出，讀者聊作參考可也。如〈為政〉篇「子曰：吾十有五而志於學」章云：

> 從心所欲不踰矩，愚意以為非隨心所欲悉合於道之謂，蓋凡人見理既
> 明，心之所欲如此，到行事時，有幾微未能相應，便是未能從心所欲，而

〔註1〕《尚書·皋陶謨》云：「天序有典，敕我五典五惇哉！天秩有禮，自我五禮有庸哉！
同寅協恭和衷哉！天命有德，五服五章哉！天討有罪，五刑五用哉！」

不免於踰矩，在聖人固不應有此，然其檢察之密，謙虛之誠必有獨覺而人
不及知者，雖其辭益卑而無害其爲聖修之極致也，姑記之以俟後之君子。

光地此處謂「從心所欲不踰矩」爲「非隨心所欲悉合於道之謂」，顯欲一翻舊說，然
又未明言究何所謂，但謂凡人云云，更言「其辭益卑」者，實不知究竟所指爲何？
只是節外生枝而已，此其有失允當者也。

又如〈學而〉篇「子禽問於子貢」章云：

> 溫良恭儉讓可謂善形容聖人者，細別之則天地之氣備焉，溫者和藹，
> 春氣也，良者明達，夏氣也，恭者嚴肅，秋氣也，儉者收斂，冬氣也，讓
> 則盛德若虛，秉心無競而行乎溫良恭儉之中，如土氣之流行於四時也。

然〈述而〉篇「子溫而厲」章則云：

> 溫者春生之氣，威者秋肅之氣，恭者内溫外肅，陰陽合德之氣也。

此處光地顯以陰陽五行之說傅會之，各別觀之似亦各成其理，然二章合觀之，卻有
不能自圓者矣，前章謂「恭者嚴肅，秋氣也」，後章則云「威者秋肅之氣，恭者内溫
外肅，陰陽合德之氣也」，同一恭字而有二訓，又與威字何別乎？此固難自圓其說矣！

總之，李光地《讀論語劄記》一書，能發揮宋學、弘揚義理，於有清一代經說，
誠能紹承前代遺緒，繼述宋儒遺說，免於訓詁之專盛，斯亦有功於學術者也，雖其
不免純駁互見，然讀者汰其粕取其精，遺其粗用其純，當可有所助益矣！〔註2〕

二、宋在詩《論語贅言》

宋在詩，號野柏老人，山西安邑人。生於康熙三十四年（1695），卒於乾隆四十
二年（1777）。生平事蹟未詳。

《論語贅言》二卷，《山右叢書初編》本（山西省文獻委員會印）。卷首有乾隆
十七年（1752）宋在詩自序云：

> 自士子務爲科舉之學，而讀《論語》讀朱註者，大抵視爲弋取功名之
> 物爾，余則必利而引之身心之間，實而證以當世之務，倘閱者觸目而有所
> 感發，于二十篇所言皆融會旁通而務求其有益於己，則由《論語》以及夫
> 《大學》、《中庸》、《孟子》，更推之六經子史，無不作如是想也。此編雖
> 淺陋不文，即以爲一隅之舉也亦無不可。

觀此可知是編所重，乃以切身實用爲主而不尚空談，故其皆爲義理之論，而不涉乎

〔註2〕 今所見爲《無求備齋論語集成》本（藝文印書館印行），乃綠猗堂手鈔本，原本未附
頁碼，致版面頁次錯亂者層出，乍讀之，文意難通，今依其前後次序校其謬誤者爲：
頁5～8，頁20～24，以及最後六頁，皆爲頁次錯亂者，讀者不可不察！

名物訓詁也，是以各篇章皆多所闡發，獨於〈鄉黨〉篇則極簡略，甚且論其宜有取舍，宋氏云：

> 讀〈鄉黨〉一篇有宜逐句體會者，有宜得其大義不必拘泥者。即如事
> 君之禮只是以敬爲主，使擯執圭等事皆後世所無，何從學起？衣服之制各
> 從時宜，即如褻裘之短右袂，似亦未可輕學。飲食之節亦有一半難學處，
> 如割不正、不得其醬、沽酒市脯之類一概不食，恐到處難下箸矣！惟肉雖
> 多四句最爲切要。

如是之說，其與漢學家之專考〈鄉黨〉，詳其名物制度者，迥異其趣矣。而是編既以義理爲主，故通編皆宗集註以爲本，且於程朱則推崇備至矣！觀〈先進〉篇「季子然問仲由冉求可謂大臣與」章云：

> 夫子不以大臣許由、求，固是抑季然之意，然亦不是過貶由、求，以
> 此例之三代而下，高于由、求者幾人？庶幾于程、朱之間求之乎！

宋氏於程朱學問推崇極至固無不可，然稱其「高於由、求」者，恐係一廂情願之說耳，後人未必首肯之，此其持論有失客觀處。又觀通篇之作，大抵皆程、朱之影響，此外亦無甚新義也。其間且有持論欠密，文理不周者，請試論之。如〈學而〉篇「曾子曰慎終追遠」章謂「南方至今有火葬者，更爲人所不忍聞，此風不革，奚暇講禮哉？」倘令蔡氏復生於今之世，而見火葬已若是其普遍，則不知夫復何言哉？惟其於〈鄉黨〉既主不必拘泥，然則又何斤斤於土葬乎？其亦不免蟲蟻之食，復何忍乎？是見此未見彼也。又〈泰伯〉篇「泰伯」章云：

> 泰伯夷齊諸人，乃立身于最高之處，令後人不得竊其似以行其奸，故
> 古來亂臣賊子或託名于禪讓，或託名于征誅，而自附于泰伯夷齊之後者，
> 皆不失爲忠義之士也。

此處既云「亂臣賊子」，復稱其「不失爲忠義之士」，前後矛盾，文理不通，是尤可怪者也。至如〈顏淵〉篇「仲弓問仁」章云：

> 己所不欲勿施于人，只說得恕字一面，對面還有己所欲施人一層，此
> 一層道理又較細密，蓋其施也必要至當恰好，無太過亦無不及。

按夫子但說「己所不欲勿施於人」，卻不曾說過「己所欲施於人」，亦不可如是推演，翁方綱嘗言「說經最忌推演」〔註3〕，夫子或曾言「己欲立而立人，己欲達而達人」（〈雍也〉篇），然此語決不等於「己所欲施於人」，蓋「立」與「達」乃就修齊治平之大道而言，其心皆廓然無私，唯以有益於公爲其操存，斯則無害於人矣。「己所欲

〔註3〕參本文第六章，《翁方綱論語附記》。

施於人」則不然,其必強人以同己,但求逞其所欲以達其一己之私益,置他人之願否於不顧矣!西方之帝國主義,宗教戰爭,即因此而起,是為禍亂之源也,能不辨之乎?語云「差以毫釐,謬以千里」,立言者能無慎乎?

綜觀是編之作,其名固曰「贅言」,果其贅矣,則亦無勞多覽,果非贅矣,當亦有一二可取者,取舍之間,端賴吾人之慎辨也,上列數則,庶可為參考焉。

三、牛運震《論語隨筆》

牛運震,字階平,號真谷,別名空山、文定。山東滋陽人,生於康熙四十五年（1706）,卒於乾隆二十三年（1758）,雍正十一年（1733）進士,選授甘肅秦安縣知縣,惠農通商,以經術飭吏治,設隴川書院,教學得士心,及歸里,閉門治經,日與鄉先生講論文義,搜考金石,嘗出主講晉陽、河東兩書院,晉豫當道皆推重焉,門人私諡文定。主要經學著作有《周易解》九卷、《詩志》八卷、《春秋傳》十二卷、《論語隨筆》十七卷、《中庸注》一卷、《大學注》一卷、《孟子論文》七卷等。

《論語隨筆》十七卷,嘉慶四年（1799）校刊,空山堂藏本。書首有嘉慶六年（1801）七月朔日涵齋張燾撰序。又目錄附有次男鈞識文,略述本書刊刻緣由,並言及「其中闕〈鄉黨〉者,以欲作〈鄉黨考〉而未逮也。而〈微子〉、〈堯曰〉二篇則歲暮解館未終講也。」故其書目錄雖列二十卷,實有三卷闕如,應為十七卷。《清儒學案》作十九卷,只察書尾缺卷二十〈堯曰〉,未詳察書內尚缺卷十一〈鄉黨〉及卷十八〈微子〉。傅武光《四書學考》及王鵬凱《歷代論語著述綜錄》並作「二十卷」,皆未詳察也。

張燾序云:

> 《論語》之書似《易》,象數義理兼之,空山先生之有隨筆,蒐討義理者也。

可知牛運震此書之作,蓋以義理之探究為主。張序又云:

> 今觀先生之書,自抒心得,不欲攻駁前賢,亦不欲傅會前賢,猶《易》之有九師,即不能廢王弼,有周邵即不能不讀程朱,九變復貫萬殊一歸道法之淵海而咸罄之鐘鐸也。然竊見先生所云,亦未始不兼及象數,如「辨告朔之非視朔」、「社主是石非木」、「泰伯之不從者非翦商」此數條何氏焯《讀書記》亦有辨證。正名之名,馬融謂百事之名,鄭玄謂古者曰名,今世曰字。先生謂此乃正父子之名,非以孫禰祖之名,與馬鄭合。至五十學易云,「孔子七十贊易,此五十當如字。」九合諸侯云,「此九字如九天九淵之謂,非有實數。

從張栻序中所言，知牛氏之書雖言義理，卻不憑空而發，乃言之有據。今考其內容，亦是偏重義理闡揚，典章、名物則偶及之，如張序中所舉，蓋其犖犖大者也。至其義理之闡述，可見出牛氏所著眼者，首在於細微處之省察，唯有篤實踐履聖人之訓，又加以省察功夫，方能體會聖人深微之旨，亦唯深入體悟，方能自性情中流露出契合聖道之言行。故書中每有極精要之論，如〈學而〉篇「曾子曰吾日三省吾身」章云：

> 省在事過之後所謂夜而計過，無憾而後即安也。省即在事來之時，朱子所謂當下便省察是也。省字有兩義，一是內省之省極精密，此省字要款款細檢。一是儆省之省極勇猛，此省字要猛然提醒。

學問之道，非徒事記誦而已，當於言行之際、切己省察，既要細微，不可粗疏草率，又要勇猛，不可因循怠惰，如是對於存心方有向上向善之提契功夫，否則其學亦徒資談柄耳。又〈學而〉首章論「人不知而不慍」云：

> 集註慍含怒意，慍字解得極細，所謂心中略有些不平的意思便是慍了。……尹氏云：「學在己，知不知在人，何慍之有？」此須說得平淡，若說得激烈即是慍了。

由此可知牛氏己身修養功夫自是十分溫文和煦，方能覺察出此一微細之「慍」生出與否，倘若此一「何慍之有」說得如劉禹錫「何陋之有」（〈陋室銘〉）般自得其樂，自然是「不慍」，倘說得激烈些，自然是「不平」，「不平便是慍了」。由牛氏「平淡」與「激烈」之分，可見其平日自我省察功夫之細微，正合「慎獨」之古訓也，而其存心亦於此可見矣。

其次，牛氏於經文中之語詞，亦未輕略之，每玩味於重要字詞之中，細察聖人委婉之心意，如首章「學而時習之不亦悅乎，有朋自遠方來不亦樂乎，人不知而不慍，不亦君子乎。」牛氏云：

> 三不亦，要想見聖人循循善誘神情。

又如次章「孝弟也者，其為仁之本與。」牛氏謂：「也者其與」四字，低徊唱歎無限提撕，神吻之妙悠然可想，不徒作謙退不敢質言解也。又〈為政〉篇「子曰吾與回言終日」章云：「亦字只是驚喜之詞，若說天下智者能發，回以如愚之人亦能發，便呆滯之極。」〈泰伯〉篇「曾子曰士不可以不弘毅」章云：「兩不亦乎，固是點醒重、遠字面，卻正繳足『不可以不』精神。」

以上諸章皆從語氣詞中體會出經文微旨，可謂明察秋毫，不捨纖介而有別於所謂「揣測其虛字語氣，以備臨文之摹擬」〔註4〕者矣！唯《論語隨筆》一書亦非全

〔註4〕 《四庫提要·經部·四書類二》云：「至明永樂《大全》出而捷徑開，八比盛而俗學熾，科舉之文名為發揮經義，實則發揮註意，不問經義何如也。且所謂註意者，又

然無瑕，蓋本書既屬隨筆，故其理論並未成系統，乃就各章義旨抒其心得耳，是以間有語意矛盾者，如〈學而〉篇「有子曰禮之用」章云：

> 禮之用，非人之用禮也，乃禮之爲用如此也。但既說禮之用，則自有個人在。

案《說文》：「禮履也，所以事神致福也。」《禮記・祭義》云：「禮者履此者也。」《荀子・大略》云：「禮者人之所履也。」禮若無人，如何發揮其用？經文謂「禮之用和爲貴」，又云「知和而和，不以禮節之，亦不可行也。」其中語意已甚明，能否發揮「和」之用，端視其人是否知所以節之，其必有「人」明矣！牛氏既謂「自有個人在」，卻又云「非人之用禮」，前後矛盾，前言多餘也。又〈陽貨〉篇「子曰性相近也」章云：

> 性本空洞渾淪，原無名目條件可指，固不得以惡言，亦不可以善言。……聖人說性大概相近，不言性善而性之善可會。

此段論詞顯然前後立場不一。性之善惡爭論，古來尚無定論，此固非本節重點，不擬多敘。然牛氏前文既曰「不得以惡言，亦不可以善言」，後文卻謂「不言性善而性之善可會」，聖人原只道出「性相近也」，未嘗涉及善惡說，豈可以孟子之性善說，強孔子而同之乎？

四、劉開《論語補註》

劉開，字明東，號孟塗，安徽桐城人，生於乾隆四十六年（1781），或作乾隆四十九年（1784），卒於道光元年（1821）。曾爲諸生。幼孤貧，母吳忍守饑寒，僅得相活。爲人牧牛，聞鄉塾誦書，窺聽盡記其句，塾師留之，許妻以女。年十四以文謁姚惜抱（鼐），盡授以詩古文法。游客公卿，皆敬禮之。受聘修《亳州誌》，卒於佛寺。子繼，字少塗，承家學，遍走公卿求刻其父書，時稱之。主要經學著作有《論語補注》三卷、《周易緒言》二卷、《詩經補傳》一卷、《大學本旨》一卷、《中庸本義》二卷、《論語析微》一卷、《孟子拾遺》二卷等。

《論語補註》三卷，同治七年刊本。卷首有劉氏自序云：

> 士病於窮經久矣，四子之學弊益甚焉。言宋者流爲空虛固陋之習，言漢者溺於瑣碎紛紜之說，二者相反而不克相成，是以註釋愈廣益離夫經，考證雖繁無適於義。夫言以明道，不惟聖人之義是從，而惟門戶之見是主，不亦惑乎？開治《論語》不敢私逞夫己見，亦不敢苟同於先儒，夫亦曰求合孔氏之旨而已。其有足相發明者，必審擇而後折衷，不欲廣引炫博，懼
> 不甚究其理而惟揣測其虛字語氣，以備臨文之摹擬，併不問注意何如也。」

其雜而無當也。其或註有未安者，但存疑以備一說，不必肆爲攻擊，懼以妄而獲咎也。夫妙義所在，無事外求，伐柯伐柯，其則不遠，即以聖人之書，證聖人之言，其可知者十得九焉，力雖未逮，願以斯爲準。若曰言以明道，而是不謬於經，則於開也何有，至於棄孔氏之本義，爭漢宋之異同，守此則非彼，斯又開之所不敢蹈者也。

此序之要旨有二，一者謂其治經，於宋學之空虛，漢學之瑣碎，一概反對，更不屑於持門戶之見也；二者謂其解經，在「以聖人之書，證聖人之言」，不逞私見，亦不廣引炫博，不肆爲攻擊，不爭漢宋之異同也。凡此皆治經應持之客觀態度，吾人所宜效法者也。然而觀其全編所述，卻有未盡如其序所言者，如「子張學干祿」章云：

余嘗疑子張學干祿之解爲不可通，以爲子張志務乎外則誠不能免此，若謂專習干祿之事，恐未必然，豈子張終日所講求者獨爲得祿計耶？如此尚可足爲賢乎？必有傳寫之誤。後聞鄉先生某斷此學當爲問字，證以外註程子云：若顏閔則無此問。是明以干祿爲問也。余既信其言之有徵，又喜其理之可從。問不過一時及之，學則終日圖之，豈可共語……，後又得一切證，子張問行註云：子張意在得行于外，故夫子反于身而言之，亦猶答干祿問達之意。夫既同謂之答，則干祿亦屬子張之問可知。然則朱子固亦以干祿爲問也，是學字爲問字之誤無疑矣！

此段所述蓋以「子張學干祿」與「子張問行」二章互觀，並參以程朱之註，乃斷之曰「學」爲「問」之誤。案馮登府「論語異文考證」卷一云：

子張學干祿，《史記·弟子傳》「學」作「問」。

劉說正與《史記·弟子傳》合，惜未見其引證。然江瀚《續四庫提要》另有一說云：

子張學干祿，謂學字爲問字之誤，則不知二字古通用。《禮·中庸》「學」並作「問」，即其證。又《大戴禮》有〈子張問入官〉篇，問入官、學干祿同，學干祿者問入官也，是尤確據，乃失之目睫，大抵桐城學者多研求義理，疏於考據，固無庸爲之諱也。

江瀚之論，亦可備一說。而劉氏於「子張學干祿」章，引程子之說以證其「明以干祿爲問也」；於「子張問行」章則引朱注「亦猶答干祿問達之意」，輾轉爲證，證則證矣，然終屬程朱之言，非孔子之語也。序所謂「以聖人之書，證聖人之言」，不亦遠乎？孔子自孔子，程朱自程朱，豈可混淆？抑有進者，序謂「其或註有未安者，但存疑以備一說」，此章亦備一說可矣，乃斷之曰「是學字爲問字之誤無疑矣」，無乃操之武斷，且與序言前後不一乎？

又「子曰父母在不遠遊」章云：

若饒雙峰以不遠遊爲常法，以有方爲處變之道，不知遊必有方乃遊之
常法，禮爲人子者，出必告，所遊必有常，而乃以爲處變之道，用之於不
得已之遠遊乎？眞無稽之論也。

劉氏序云「不必肆爲攻擊，懼以妄而獲咎也」，此處卻又不免斥饒爲「無稽之論」，
亦前後不一之例也。夫「序」乃一書綱領，觀其序而書之大體可瞭然。唯古來爲他
人作序者洵多溢美之辭，此固人情之常，未忍多責；然於自序則只宜謙沖耳，倘標
舉甚高，實則未逮，亦只貽後世之譏焉，能不愼乎？劉氏固云「力雖未逮，願以斯
爲準」，然亦不能以此掩其咎也。

五、王肇晉《論語經正錄》

王肇晉，直隸深澤縣人，生於嘉慶二十一年（1816），卒於光緒十一年（1885），
事蹟未詳。

《論語經正錄》二十卷，光緒二十年刊本。書首有光緒辛卯（二十年）肇晉子
用誥之序例一篇，略述是編成書之由及其編例。論其成書云：

> 元明至國朝，以經義取士，首試四書義垂之功令，背注者黜弗錄，使
> 天下士由朱子之學上窺鄒魯，法至善也，沿習既久，逐末忘本，以聖賢明
> 道教人之書，給取利祿而罔聞於行。高明之士則厭棄之，殫心訓詁考據，
> 惡言義理，正學不明，士風日下，時文講章之弊至斯極矣。先君子居常憂
> 之，思欲纂集一編以求時弊，晚年疾作，未及詳加搜討，呼小子用誥命繼
> 成之，用誥謹定條例，廣集群書，閱六寒暑，先成《論語》二十卷。

故知是編之作，乃爲昌明義理之學，一以抗衡訓詁考據之風，一以救時文講章之弊
也。而是編體例，要旨有四：

1. 采錄朱子以下，宋元明至清，計一百六十一家。卷首乃羅列諸儒籍貫姓名及
   著作，甚詳明矣。
2. 仿朱子《論孟精義》、衛正叔《禮記集說》，薈萃眾說爲例。
3. 是編所采，有前儒之說，朱子所不取者；有朱子舊說與集注異者；亦有集注
   偶失，論辨匡正者。苟於經義有關，不以異集注擯而不錄，至義理之宏綱要
   旨，聖賢修道入德之方，則恪遵朱子。
4. 是編於朱子語類文集，皆從原書采錄，並注明某錄、答某某書，參校同異，
   並識當日質問之人，有便於學者之考對。

以上爲是編之略例，至此書之特色，今亦約之爲四：

（一）**義理考證兼資**：朱子於《論孟精義》序云：「漢魏諸儒，正音讀、通訓詁、

考制度、辨名物，其功博矣，學者苟不先涉其流，則亦何以用力於此？」故知朱子教人先讀注疏而後及於精義，非薄訓詁名物制度不言也。是以此編雖以義理爲宗，然亦頗采錄諸家考證學者之說以入之，如金仁山《論孟集注考證》、許白雲《讀四書叢說》，此訓詁名物制度考證較詳者。又趙鐵峰《四書箋義纂要》、陳心叔《論語類考》乃專考名物制度，以羽翼《集注》者也。乃至清世諸漢學家，其說精確者，皆采錄之，使是編於義理與考證，得本末兼資。

（二）**虛神語脈之說不取**：自明永樂輯《四書大全》，懸功令取士，時文講章之弊實濫觴於此。降及末流著述者，競趨風氣，誦習者務工時文，揣摩章旨節旨，虛神語脈備及精微，而不問聖學何如也？不問身心何如也？而朱子闡明四書之旨亦荒矣！故是書所錄，於章旨節旨，虛神語脈之說，一概不取，而爲學入德，反身切己之言錄之必詳，此亦爲匡世風也。

（三）**並緣假借不取**：朱子《論語或問》云：「凡並緣假借，最釋經之大病。」蓋或文句偶同而旨意實異，或志意略似而向背實殊，或反以彼之難而釋此之易，或強以彼之有而形此之無，使意已親者，引之而反疏，義已明者，引之而反暗。故是編所錄，凡獨標一義該括經旨以爲新奇，如科舉之學，假借它書附會經旨以爲有據，如部分漢學家之說者，皆不取之。

（四）**凡有引文，必用原文**：蓋有鑒於淺陋者著書，引古人之書或記舊文不全，妄以臆見改竄，鑿空杜撰，紕繆陋妄，最足貽誤後人。故是編所采，必全引用原文，無妄改者，此其優也。

總之，是編之作，乃在薈聚眾說，以使群言證明經旨，而以朱子《集注》爲主，以發明義理爲宗者也。

六、劉光蕡《論語時習錄》

劉光蕡，字煥堂，號古愚。陝西咸陽人，生於道光二十三年（1843），卒於光緒二十九年（1903），光緒元年舉人。幼孤貧，弱冠避回寇醴泉、興平間，而讀書不倦。赴春官不第，乃退居教授，數十年終其身，究心漢宋儒者之說。先生講學關中，本諸良知，遂之經術，欲使官吏兵農工商，各明其學以捍國家，自謂今日講學宜粗淺，不宜精深，可見其學旨已。著有《大學古義》一卷、《孝經本義》一卷、《論語時習錄》五卷等。

《論語時習錄》五卷，民國十年蘇州刊《煙霞草堂遺書》本，卷首有劉氏自序云：

> 論今日之患者，謂在士子讀書知古而不知今，吾則謂在於習文而不自

治其心，挾求富貴之見以讀書，尋章摘句以求中試官之式，則書皆二千年以前之語言行事，於今日之身世何涉？故程子謂中庸爲孔門傳授心法，朱子於序暢言之，蔡氏作書集傳序，又盡發其蘊，夫聖人不能預測後世之變，而能預定後人之心。聖人先得我心所同然，我爲今日之人，心爲今日之心，以聖言治我今日之心，即能治我今日之事而應其變，然則世變亟而人才不出，乾嘉以來攻心學之儒爲之也。

劉氏蓋有鑑於今之士子但知習文而不治其心，且以利祿爲讀書之目的，故所讀雖聖賢之書，卻與身心毫不相涉，況於時事更何濟焉？咎其責乃歸諸心學之儒空談而不務實行也，遂取《論語》首章「時習」二字之義與同人講習，謂時習二字即聖人傳心以讀六經論語法也。因輯所見，命曰「時習錄」，唯僅成五卷至〈公冶〉篇耳，其後皆闕焉。觀其論「時習」之義云：

此章重學字，尤重時字，時字即《易・象象傳》各時字，習則《易・大象》「君子以自強不息」、「君子以厚德載物」等「以」字之義，謂法天行之健以習自強不息，而六位之時不同則潛見飛躍之習各異，所謂時習也。

案《易・乾卦》云：「時乘六龍以御天」，〈蒙象〉曰：「蒙亨，以亨行時中也」，〈艮象〉曰：「艮止也，時止則止，時行則行，動靜不知其時也。」皇侃疏亦云：「時者，凡學有三，一是就人身中爲時，二就年中爲時，三就日中爲時也。」時之義大矣哉！此劉氏所以取時習二字將以貫串全篇之意也，故又云：

夫學將以治萬世之天下，豈能拘執一法而強以應萬世之變哉，則必因時制宜，與世推移而後不窮於用，故學於古者，必以身所值之時習之，習之而得古人之法之意，則準之以應當時之變，然後推行無弊，孔子所以爲時中之聖，而其所學之道所以能治萬世之天下也，所學推行無礙則事與理合，心與境融，豈有不悅，不亦悅乎使學者當時習之後自審其趣也。

此即是編撰就之大旨也，夫心學之儒所以流於空虛之弊，亦即未能時習也，至於考據家若專事訓詁，務於碎義，卻不嘗自治其心，其與空虛之弊又相去幾許？故知劉氏之歸於治心，重在時習，治《論語》者應知所惕矣！

七、姚紹崇《論語衍義》

姚紹崇，字桂軒，湖南益陽人。生卒年未詳。家貧，不能多購書，早歲學制藝，四十後連困場屋，夙志漸灰，課讀村塾。咸豐戊午年（1858），胡文忠公 [註5] 相招

〔註 5〕 胡林翼，字貺生，號潤芝，諡文忠。湖南益陽人，生於嘉慶十七年（1812），卒於咸豐十一年（1861）。

下鄂戎幕，佐胡幕輯所與切磨之論說以成《論語衍義》十卷。

《論語衍義》十卷，民國三十一年刊〔註6〕姚氏墨君軒藏本。書首有民國三十一年張厲生《重印論語衍義序》、同治壬申（1872）郭嵩燾序、同治十二年（1873）李慶序、同治十三年裴蔭森序、同治壬申鍾謙鈞序，及卷末姚氏自序，亦稱多矣！姚氏自序云：

> 紹崇性愚魯，又家貧不能多購書，早歲學為制藝，手四子書一編，朝夕尋覽，旁及刪本史籍，亦不過藉以助文瀾而已。四十後連困場屋，夙志漸灰，輒喜從朱傳以窺經旨，見聖賢立言包羅萬有，君國平成之大，日用常行之細，法戒鏊然。閒從友人處借得朱子綱目一書，與四子書參觀，又見千古成敗之機，閒不容髮，而皆不出聖賢所垂訓，乃知經者所以綱維乎史，史者所以證據乎經，無二道也。

此序所云，乃姚氏自述其學本從朱子而來，尤著意於經史之關聯也。且是編之成書，本因姚氏佐胡文忠公（林翼）戎幕，文忠公與講《論語》，各出所見，相與發揮，姚氏筆而記之，以成此十卷也。既講於戎幕，故書中多言戰陣事，且廣引史傳，求合近事，亦以史證經之義也。唯是編既本胡文忠公之論說，姚氏但記之耳，故前述諸序，率多讚文忠公之行誼者，如張厲生氏許其有「儒者知止能定之志操、尊讓之精神」，而具儒者之氣象也。鍾謙鈞氏則謂「胡文忠公當封疆之任，處戎馬之間，而讀書講學不倦」。姚氏自序亦云：「文忠天資超越，好善之心如饞喉攫食，必得所欲而止，嚴冬雨雪，督戰移營，寒極不得火，征衣濡湒，三更炳燭，猶忍凍讀書，雖其病困呻吟，頭涔涔不少輟也。」故知文忠公一代名臣，功業照耀海內，其能操存有定，講學不輟，蓋以《論語》為其根柢之故也，是乃吾人今日讀其書所不可不知者也。而是編之價值，郭嵩燾氏曾言之矣：

> 其為言淺深鉅細，互有發明，尤足開廣學者之志氣而振發其精神，使頑者廉而懦者亦與有立也。

觀胡文忠公一生言行功業，亦可知郭氏此語當不虛發矣！

八、王景賢《論語述註》

王景賢，字子希，福建閩縣人，生平未詳。

《論語述註》十六卷，同治十三年（1874）閩縣王氏家刊本。卷首有余潛士序，略云：

> 咸豐紀元之夏，郡中王君子希出其所纂《論語述註》以相示，予受而

〔註6〕是編曾付梓於同治間，民國31年重印，今見者即此重印本。

讀之，歎其體認乎朱註者至精至密，述人之不及述，實述人之所欲述。覺集註與本文之融洽貫通，可相印證，其斯爲善讀經註者歟！學者誠日習之，親切有味，循序而漸進，熟讀而精思，尋究其大綱，紬其微義，反求諸己而日有孳孳焉，何患行遠登高之不可幾及乎！

是編乃宗朱者也，故名《述註》，蓋闡述《集註》之未盡意也，如「巧言令色」章云：

> 註「務以悅人」是直推巧令者之心，心既馳於外，內之所存更何所有，只見其爲人而已，不知理欲不容並立，一念爲人，本心之德遂因以亡，蓋言色與仁雖分內外，其實相爲消長，外既有餘而內必不足，自然之理也。

案是章《集註》云：「好其言，善其色，致飾於外，務以悅人則人欲肆，而本心之德亡矣！」《集註》之言約而簡，王氏則更推闡之，要皆能發《集註》之幽微，補朱子未盡之意，誠朱子之功臣也。

九、沈道寬《論語比》

沈道寬，字栗仲，河北大興人，生卒年未詳，嘉慶年間進士，官湖南桃源知縣，書室名話山草堂，著有《話山草堂文鈔》。

《論語比》一卷，光緒三年（1877）刊本。是編原入於《話山草堂雜著》，蓋沈氏平日研讀《論語》之札記也，凡二十三則。觀其所述，大抵皆闡發義理，持論則宗王而反程朱也。於歷代諸儒，自孔子以下惟推重孟子與董仲舒二人，其餘皆不屑也。尤於伊川以下諸講學家多所非詆矣，其言曰：

> 講學家門戶開自伊川，伊川之學篤信謹守近似西河氏，即其錙銖軒冕糠秕利祿，固無慚於季次原憲，如曰可參置於七十二子之列，誰曰不宜？無如其徒定欲躋之生民未有之聖人，談何容易？是講學家日在天地間，不知天之爲高，地之爲厚也。

又對於朱子亦甚表不滿也，乃云：

> 朱子之道大於伊川，考其造詣當於孔門高據一席，以爲集宋儒之大成，故自無愧，無如講學家必欲以爲孔子，且每屈孔子之說以從之，而攻之者紛起矣！一言一動毫無遺憾者，只大聖人一人，朱子雖賢，其高明之過，偏黨之私，與鬥爭求勝，矜己卑人處，亦時有之，要亦不害其爲賢，今必多方迴護，云某事是何理，某言是何故，徒招鬧取怒耳。

沈氏於程朱本身原非完全詆斥，所詆斥者乃後之講學家，妄將程子、朱子抬與聖人等觀，甚有屈孔子之說以從程朱者，此即沈氏所深惡焉，且對「講學」不存好感，乃曰：

　　　　宋五子之造詣，如孟子所謂，有聖人之一體者，固已近之，若顏冉閔
　　　曾，則不敢盡以爲信矣！彼皆夫子所稱躬行君子也，若講學則不免近名，
　　　既講學則是丹非素，不能無爭，其徒入主出奴，不能無黨，與君子求諸己
　　　者有間矣！熊文端痛罵陸王，又云陽明僥倖功名，妄思講學，不知陽明功
　　　業從學問中來，非講學從功名來，是蓋於陽明之學行未嘗寓目也。

沈氏因反對「講學家」之盲從妄推程朱，乃一概否定講學，是亦過激之論也，惟「尊
德性」與「道問學」之爭，其永難有確論，沈氏雖宗陸王，然即以所宗非其異己，
亦是門戶之見耳，觀是編者宜知其所執在此，庶幾無一概抹殺程朱之功矣。

十、秦東來《論語贅解》

　　秦東來，字受川，號紫函，山西壽陽人。生卒年未詳，自幼潛心績學，情殷好
古，不屑雕繪之技，家貧不能多購書，或以借荊而取於人，或以質衣而得於市，每
獲一部，默識心融，必期有所得而後已。嘗爲同邑祁文端公所器重，特蒙推薦，奉
旨徵僻而不樂仕進，惟是優游林下教授生徒，專意著述。曾作《易象致用說》，大暢
厥言，又作《論語贅解》。

　　《論語贅解》二卷，光緒十三年（1887）刊本。卷首有同治五年秦氏自序及同
治六年王平格序。秦氏自序云：

　　　　《論語》者，先聖教人之大法，萬世所當共解者也，當以心之所存而
　　　解，以身之所行而解。心之所存當視聖人之道爲必可學，視聖人之道爲必
　　　不可不學，開卷時如是，掩卷時亦如是也。身之所行，合於聖人之道乃安，
　　　不合於聖人之道則不安，開卷時如是，掩卷時亦如是也。一心之所營謀，
　　　一身之所閱歷，皆與此書相印證，推而至於處事待人、經世理物皆不離乎
　　　此書，然後可得此書之解，至以語言文字解之，未免贅矣！

由是可知，秦氏作此編，文字訓詁固非其所重，至於義理之講求，亦非斤斤以語言
文字解也，然則所重乃在於人之所存，身之所行耳。以心之所營謀，身之所閱歷，
皆與經文相印證，推而至於處事待人，不離乎此書，誠孔子所謂「君子無終食之間
違仁，造次必於是，顛沛必於是」（〈里仁〉）者也，又「開卷時如是，掩卷時亦如是」，
非所謂「立則見其參於前，在輿則見其倚於衡」〔註7〕者乎？東來誠善體「言忠信，
行篤敬」之旨者也。以其所重在於「言忠信，行篤敬」，故是編之名爲「贅言」，良

〔註7〕〈衛靈公〉篇：「子張問行，子曰：言忠信，行篤敬，雖蠻貊之邦行矣。言不忠信，
　　　行不篤敬，雖州里行乎哉？立則見其參於前也，在輿則見其倚於衡也，夫然後行。
　　　子張書諸紳。」

有以也。東來又以漢唐諸儒詳於訓詁而略於義理，至朱子《集註》始歸本於身心，故於朱子《集註》則推崇備至，謂「朱子《集註》最有益於人之身心，吾惟驗於吾之身心，就其易解者解之耳」，此其作是編之主旨也。觀「學而」章云：

> 古所謂君子，聖賢之通稱也，學以君子爲歸，即所以學爲聖人也。所學何事？學以知君子之所知，學以行君子之所行也。時習則所知者漸精，所行者漸熟，精且熟而說生焉。朋也者同具此學爲君子之心者也，自遠方來，則所知者益明，所行者益公，明且公而樂生焉。人也者不必有學爲君子之心者也，不知不慍，則所知者不可移，所行者不可奪，不移不奪而學爲君子者，乃眞君子矣！古之君子由說樂而成爲君子，今之學者亦由說樂而進於君子，此中況味，惟親身閱歷者能得之。

《論語》首章論學，歷來注家均特重之，謂爲全編之樞紐可也，「學以君子爲歸，即所以學爲聖人也」，一語中鵠，明其非爲利祿，非慕虛名也。「古之學者爲己，今之學者爲人」，爲己者，爲學君子聖賢也，爲人者，無所不用其極矣！觀東來是編，不獨爲世之不知爲學者有以警惕，亦可爲雖知治學而不知歸本身心，徒事於語言文字計較者戒矣！

第六章　漢宋兼采派《論語》著述析論

清代諸儒治經，取漢唐注疏及宋元明人之說，擇善而從，後人稱之爲漢宋兼采派。蓋漢宋之爭，本屬門戶之見，朱子常教人看注疏，不可輕議漢儒，故其作《集註》也，考證義理並重，漢人義訓與宋儒經說兼采，此其肇端也。厥至清儒，或以朱子之信徒自居，薄漢儒爲淺陋，此未眞知朱子者也；抑有以漢學自許而譏宋儒爲空疏者，兩家詬爭不已，殊非善治經者也。遂有主張消融門戶之見，各舍其短而取其長，黃式三《論語後案》爲其典型矣。其它各家亦皆能標榜不立漢宋門戶，實際亦能兼采其善者，乃歸於是章。唯本文之分類但就此《論語》著作而定其學派，其或異於他編之以作者綜合著述爲分法者也。

一、李塨《論語傳注》附《傳注問》

李塨，字剛主，號恕谷，直隸蠡縣人，生於順治十六年（1659），卒於雍正十一年（1733），康熙二十九年（1690）舉人。父明性，學行爲鄉里所式，顏習齋嚴事之，先生遂受學於習齋。先生屢館就師，遠遊西至關中，南及吳越，遍交賢豪，上接公卿，下至驥卒，言必稱習齋，故習齋之名亦因之遠播。在陝西浙江執友治縣，皆有聲。屢謝官職，後接通州學正，甫浹月，即以因老告歸，遷居博野，建習齋祠堂收召學者，治農圃以終。先生爲學始終一守習齋家法。主要經學著作有《周易傳注》七卷、《周易筮考》一卷、《詩經傳注》八卷、《論語傳注》二卷、《大學傳注》一卷、《中庸傳注》一卷、《論語傳注問》一卷等。

《論語傳注》二卷、《傳注問》一卷，《顏李叢書》本。書首有自序及凡例，略述成書之因由與是編之體例。大意云：孔子之教人，「學則詩書禮樂兵農，行則孝弟仁義忠信篤敬」，「不語上〔註1〕，不言性天，罕言命仁」，故知「後世專以講性說天

〔註 1〕子曰：「中人以上可語上也，中人以下不可以語上也。」（〈庸也〉篇）

爲事者誤矣」、「專以誦讀爲學者左矣」，因而主張「以力行爲學，則學原以爲行也」，又主張「少則習幼儀，務謹信，長則禮樂不斯須去身，求志以此，達道以此，不騖高遠，不徒佔畢」，此蓋繼承習齋先生以躬行爲先之旨也，而尤其重在學不躐等，「使知高遠必自卑邇，上達不離下學，皆庸常，非隱怪，而聖道上下盡矣！」此亦即恕谷一生論學之宗旨，而是編之成書，亦秉此宗旨而立，其言曰：

> 塨承先孝愨命，遊顏習齋先生之門，教以從事下學，今忽忽老矣，乃見聖道如此，故妄言之，以俟後之學者。傳者，謂有所受也，自孔門傳論聖道後，散考之先儒，而躬承於父師也。注，註也，果聖道不入歧路，則因文註釋，如水之注地，霈然而相通也。

又曰：

> 去聖遠而道術晦，漢唐註疏詳於訓詁，略於體要，宋明儒者，又各尋入門之路，率牽聖言以就其說，而道多歧轍矣，故不得已而有此註。

夫恕谷處於宋學極盛而將衰，漢學初興而未熾之際，乃承習齋先生之教而標此實用之學，其於清學之中，亦甚特殊也。至於是編之例，蓋緣於窮經將以致用之由，故凡「體國經野，禮樂制度，地考官名，皆致用之大者，不可空言理而湮其實也」，是皆其所重者也。然「梵語鄉談」則一蓋洗之，以免其雜蕪。對於舊說、亦不盡附，或用舊註而微易其辭，皆於《傳注問》中闡明其理，此乃是編之略例也。至於是編之得失與價值，《四庫提要》已論之甚切矣，《提要》云：

> 是編解釋經義多與宋儒相反，蓋塨之學出於顏元，務以實用爲主，故於程朱之講習，陸王之證悟，凡不切立身經世者，一概謂之空談，而於心性之學排擊尤甚，其解《四書》亦即此旨，中惟《孟子》註未成，今傳者《論語》、《大學》、《中庸》耳。《論語》多用古義，亦兼取毛奇齡之說，如以「無所取材」，從鄭康成作桴材，「偏其反而」從何晏作反經合道之譬，則不免故相違忤，有意異同……《傳注問》則倣朱子《或問》之例，一一辨其去取之所以，然語氣多不和平，徒以氣相勝而已。

《提要》之論評尙稱中肯，唯是編所采，漢宋兼包，其於宋儒之說亦非全然反對，實有半采者，有全采者，半采者如「行有餘力則以學文」節，《傳注問》云：

> 文，詩書六藝也，朱子加「之文」二字，恐人仍以書策所載，即爲藝矣，故去之。然朱子此註甚有功於聖道，邢疏已訓文爲文字矣，賴朱註有此蹤跡可與學者共證實學，是其功也。註游藝曰禮樂射御書數甚明。今有宗班、史謂六藝即六經者，非也。朱註明列詩書於六藝外，其見高於班、史文人多矣。

此中釆其「文，詩書六藝」而去其「之文」，是半釆者，亦是凡例所謂「用舊注而微
易其辭者」。至於全釆者，即全用其義，唯詞語稍略耳，如〈學而〉「君子不重則不
威」章，朱注云：「無毋通，禁止辭也，友所以輔仁，不如己則無益而有損，勿亦禁
止之辭，憚，畏難也。」塙則釆其義而略云：「友所以輔仁，不如己則無益而有損，
無毋通，憚畏也。」故知恕谷於宋儒諸說，非全然持相反之論也，而就《傳注》一
書言，亦非為攻朱而作，亦但博釆諸家，論而不辯，其有所異同論辨者，在於《傳
注問》一卷也，故其《傳注問‧序》云：

> 愚註《論語》諸經，論而不辯，意謂閑聖衛道，凡有心目者可知，非
> 樂一一與先儒辯也。既而思宋註異同漢唐，其時觀者駭如，今又異同宋註，
> 駭者必多，須明辯之，使其心帖，況先儒論道，原屬大公，偶有訛誤，必
> 樂反正，辯亦何傷……祈如朱子或問，逐章剖之，因不得已，陸續為《傳
> 注問》。

故知《傳注》之作，但「論而不辯」，其有所辯斥者，則《傳注問》耳，此讀者不可
不明焉。

二、程延祚《論語說》

程延祚，字啟生，號莊，別號有溪居士。江蘇上元人，生於康熙三十年（1691），
卒於乾隆三十二年（1767），曾為諸生。少好辭賦，從外舅陶氏，得顏元、李塙之書，
讀而好之，時習齋已歿，先生過從問學，其學出入於黃宗羲、顧炎武，而以習齋為主，
讀書極博，皆歸於實用。乾隆初徵試博學鴻詞，十六年（1751）薦舉經學，皆報罷，
自試鴻博後，不再應科舉。經學著作有《易通》十四卷、《大易擇言》三十六卷、《尚
書通議》三十卷、《論語說》四卷、《周禮說》四卷、《春秋地名辨異》三卷等。

《論語說》四卷，《金陵叢書》本。卷首有程氏自序，卷末有同鄉蔣國榜跋。程
氏序云：

> 《論語》者六經之統會，大道之權衡，所以正教學之是非，而制生人
> 之物則于不可過者也。自堯舜至周孔而守一道，在昔為司徒之命，典樂之
> 設，為三物之所賓興。其在二十篇之中，以文行忠信為四教，以詩書執禮
> 為雅言，以孝弟謹信汎愛親仁餘力學文為弟子之職業，其道易知，其教易
> 從，要在率天下以立人道而已矣……孔門之教列以四科，所以宏聖道之統
> 也，後之儒者乃標一名以自異，而謂天下之材舉不足與於道，天不若是之
> 狹，道統亦不若是之不廣也。漢人有言，孔子沒而微言絕，七十子喪而大
> 義乖，良有以夫，此延祚於說《論語》而尤兢兢也。是書創始於乾隆乙亥，

改定於丁丑及戊寅之春，凡四易稿。

由序中可以見得程氏實能把握《論語》一經之要旨及孔子立教之綱領，蓋不外乎四教、四科諸門，此亦聖道之所以統攝群倫，廣而能容也。惜乎後儒執守一門以自矜，黨同而伐異，遂有「孔子沒而微言絕，七十子喪而大義乖」之憾。職是之故，延祚乃作《論語說》，凡四易稿而成。此編多言義理，乃程氏平日研窮古義，得所折衷而論述成卷。其於朱子之說，或引舊注以正其失，或於朱注義長者，亦據實稱許之，要皆實事求是而已。如於「弟子入則孝」章，有糾朱子之失者云：

> 弟子者有父兄之稱，而以之稱門人者，古之所教所學惟在事父事兄之道也。此章蓋孔門冠者之學規，或見考亭小學書與管子弟子職並錄，因以爲養正之事，又以爲弟子爲童年之通稱，誤矣！

然同章於「則以學文」節亦於朱注稱許有加：

> 觀此章《集註》所載諸說，大概以文爲文辭文采之文，惟朱子所訓爲確（朱子謂文爲詩書六藝之文）……然朱子之識高于群儒而有功于聖道者，是編除於朱注略有是正之外，則端在于此矣！

是編除於朱注略有是正外，間亦自下己意，頗有發明，今取其持論能見其大，頗具參考之資者，略述之。如〈爲政〉篇「詩三百一言以蔽之曰思無邪」章云：

> 朱註與夫子之引詩二思字，有虛實之辨，當以虛字爲正。蓋所謂思無邪者，以無邪爲我之思，則思屬存心，二者理亦相通，而存心非駉詩之本指。鄭康成訓詩之無疆曰：反覆思之，無有竟已。以之相準義可識矣！

案《項氏家說》（項安世）主張「思，語辭也」，俞樾《曲園雜纂》從其說〔註2〕。《集解》、皇疏皆不作語辭，《集注》則云「其用歸於使人得其情性之正而已」，亦不作語辭解，延祚本於朱注而推闡之，其說如上，程氏又云：

> 夫子不曰誦詩而曰詩，此明詩之本無邪也，詩之無邪，以作詩之人本無邪也……然則此章引駉詩之成語，而所重不在于思，借令重思，亦不過曰昔之詩人所遇有常變盛衰，而皆思同出于正也云爾，此立教之大義也，若惟欲學者求性情之正，則夫子曰誦詩可矣。

延祚於獨有心得之章節，皆論之特詳，是章即其一例，茲摘錄之以備一義。又如「吾十有五而志於學」章亦有新義：

> 竊以《論語》考之夫子之自居者，曰忠信，曰好古敏求，曰學而不厭，誨人不倦，聖與仁則曰吾豈敢，躬行君子猶曰未之有得，若斯之類，聞者

〔註2〕《項氏家說》、《曲園雜纂》並見程樹德《論語集釋》上，（藝文本），頁58引。

以爲聖人之謙德，而夫子則皆自道其實，豈至此章而立言遂有異乎？乃註家於不惑以後，率多高遠之論，如知天命則曰知天命之終始，耳順則曰耳聞其言而知其微旨。朱註以天命爲天道之流行而賦於物者，以耳順爲不思而得，以不踰矩爲不勉而中，此其爲說孰謂不足以知聖人，而視夫子生平所以自居者，則大有逕庭矣！後之學者能無疑于此耶？然則何說曰，聖人之去學者固未可以倍蓰論。然其所爲之事則一而已，禮樂仁義是也。始以之爲志而終身以之爲矩，與學者無以異也，修身則道立，尊賢則不惑，立與不惑，學者之所可至也。知命而後可以爲君子，知言而後可以知人（原注：此耳順正解），知命與耳順亦學者之所可幾及也，不踰矩則熟乎仁之謂也……後儒以爲但爲學者立法，是聖人已自處于聖之極至矣，夫方與學者共爲其事，而所自述遂絕天下以攀躋之階，出于生平所未有，于理不無可疑，故敢論之以俟知者。

按此章歷來亦眾說紛紜，尤於「不惑」以下，義更紛歧矣，要之皆歸於夫子自述其一生學歷，此固善訓，唯說家間或將孔子玄虛化，如皇疏引孫綽云：「耳順者廢聽之理也，朗然自玄悟，不復役而後得，所謂不識不和順帝之則也。」如是則孔子已非儒家原貌，乃被玄言色彩矣。延祚之說不只爲還孔子原貌，直欲使聖人所述更爲親切可及，而非高不可攀，此其用心可謂良苦矣，是說應可備一義，爰錄之。總之延祚之學既宗習齋，故書中所采頗多李恕谷之說，而皆切乎實用爲主，不蹈空虛之病，此其善者也，吾人讀之可細細體會焉。

三、趙良猶《論語註參》

趙良猶，號竹坡，安徽涇縣人，生於雍正五年（1727），卒於乾隆二十七年（1762），生平未詳。男紹祖有文名。

《論語註參》二卷，《涇川叢書》本，卷末有紹祖嘉慶四年（1799）七月十一日識跋。今以良猶早卒，生平事蹟史傳闕如，唯此跋中略及一二，或可助於參考，故錄其文於後，兼明是編撰成因由也，識曰：

> 先君年（卅）五，於乾隆壬午二月下世，時不肖年十一而弟於是年六月始生，因未知讀父書也。稍長受學而苦不識，用功多取速以了事，先慈訓之曰自吾來汝家，汝父年十八耳，每見其讀書燈下，反覆不已，又無力購書，多借人書手抄，日夕不倦，豈如汝輩之草率如此哉。因授以先君所寫學庸大全及唐人中晚詩，金中州集摘本，自是稍知自戢，亦不知有是書也。今年夏四月，先慈見背，呼天搶地無以爲心，檢點栖梠以無忘口澤，

乃得手批論語二本，於夾具中以小紙條黏於各章之下，而以蠅頭小楷書之，蓋凡古註與儒先之有異說者，無不萃於其中，因愈以知先君之好學不倦，非不肖等之所能繼述。而回憶先慈之言，恍如昨日，而音容已不可復接矣。痛復思痛，較之痛定思痛者，更何如耶？相對涔涔，匍匐苦次，謹逐條錄出，以質世之好學者。

由上文可略知良猶之勤苦好學，惜其英年早逝。而是編之作，蓋以朱註爲本，參諸古註，凡有異說者，皆薈萃之並加案語，或附和朱子，或申采舊說，進之與退，均能持之有故，言之成理。而其取參者，上自漢唐，下訖宋清，亦稱博矣。所采之說，僅備一義耳，再則評其得失，論其是非，此其大較也。如「父在觀其志」（〈學而〉）云：

　　　　李詡戒奄漫筆曰〔註3〕：父在觀其志，父沒觀其行，先意承志，繼志述事之教，非孔子觀人也，若曰父在子不得自專，而志則可知，是啓人以陰叛父之志也，此是朱近齋之說〔註4〕，考亭（朱子）聞之當亦心肯。（良猶）案此說觀字最有意味。

此乃采其說而進之者也。至如「思無邪」（〈爲政〉）云：

　　　　蘇穎濱（轍）《論語》拾遺曰：易曰無思無爲，寂然不動，感而遂通天下之故詩曰思無邪，孔子取之，二者非異也。火必有光，心必有思，聖人無思，非無思也，因其自然而吾未嘗思，未嘗爲此，所謂無思無爲而思之正也，若夫以物役思，皆其邪矣。（良猶）按理本無所不適，言亦各有所當，非一端而已也，必紐合爲言，未免費力。

此則錄其說而退之者也。大凡是編所采，除上述二家外，主要者尚有何屺瞻《讀書記》〔註5〕、韓文公（愈）《筆解》、羅泌《路史》〔註6〕、王充《論衡》、王伯厚（應麟）《困學記聞》、〔註7〕、王若虛《論語辨惑》〔註8〕等，皆采其書中之要論以爲註參，藉由是編之蒐錄，吾人亦可略見諸家《論語》說之一斑矣，斯亦是編之功也。

〔註3〕李詡，明江陰人，字厚德，號戒奄老人，年八十餘而卒，著《戒奄漫筆》八十卷，參《四庫提要》卷一百二十八。

〔註4〕朱得之，明靖江人，一說烏程人。字本思，號近齋，官江西新城丞，王守仁之弟子，學近老子。參《明儒學案》卷二十五。

〔註5〕何焯，清江蘇長州，字屺瞻號茶仙。生於順治十八年（1661），卒於康熙四十二年（1703），著《義門讀書記》十八種共五十八卷。

〔註6〕羅泌，宋廬陵人，著有《路史》、《國名紀》等書，參見《四庫提要》卷五十。

〔註7〕《困學記聞》二十卷，宋王應麟撰，分說經、天道、地理、諸子、考史、評詩文、雜識等，乃其簡記考證之文。

〔註8〕王若虛，金藁城人，字從之，號慵夫，著有《慵夫集》，見《金史》卷一百二十六。

夫治學貴在踏實，務實之道在於積少以成多，非可以速成以致之也。古人之學問莫不由此以積成也，觀紹祖跋中所述，是編原稿乃以手批小紙條黏於各章之下，而以蠅頭小楷書之。又觀編中所錄各條，皆能深中肯綮，要言不繁，益可見其平日用功之深也，惜其英年早逝，否則後日成就當不只此也。

四、翁方綱《論語附記》

翁方綱，字正三，號覃溪，別名蘇齋。直隸大興人，生於雍正十一年（1733），卒於嘉慶二十三年（1818），乾隆十七年進士，改庶吉士，以一等一名授編修，歷典江西、湖北、江南、順天鄉試，督學廣東、江西、山東。累擢內閣學士，左遷鴻臚寺卿。預千叟宴，重預鹿鳴宴、瓊林宴。先生迭司文炳，英才碩彥，識拔無遺。生平精研經術，不為漢宋門戶之見，嘗謂考訂訓詁，始能究義理，立論持平，不為風氣所囿。性嗜金石，考訂精審，物色摹揚，收藏宏富。主要經學著作有《經義考補正》十二卷、《詩附記》四卷、《禮記附記》六卷、《論語附記》二卷、《孟子附記》二卷、《禮經目次》一卷、《春秋分年系傳表》一卷、《十三經注疏姓氏》一卷、《通志堂經解目錄》一卷等。

《論語附記》二卷，《畿輔叢書》本，上卷為上論，下卷下論。《清儒學案》卷九十云：

> 考據之學至乾隆中葉而極盛，蘇齋說經以紬繹經義為務，教人以篤守程朱傳說，以衷漢唐精義，反復言之，不憚與諸儒立異。嘗謂考訂訓詁始能究義理，顧謂聖人之道必由典制名物得之則不盡然。立論持平，不為風氣所囿，後之調停漢宋者，莫能外焉。

此蓋其治學態度如此。秉此治學精神，故是編內容大抵不離此一方向，究其要旨，約有下列數點：

（一）**探求諸說之本源**：翁氏於某家說法有特殊之見者，每探其所本，俾學者知其來源，如〈為政〉篇「子張問十世」章：

> 所因謂三綱五常，所損益謂文質三統，本馬融說也。

又「書云孝乎惟孝」節云：

> 今以「書云孝乎」為句，本於伊川先生之說。

（二）**正諸家之非**：翁氏治經，固兼采漢宋，然於舊說各家義有未當者，亦秉直論之，如〈為政〉篇「子游問孝」章糾包氏之謬云：

> 朱子《集注》蓋因包咸注也。包曰犬以守禦，馬以代勞，皆養人者。
> 一曰人之所養乃至犬馬，則不敬無以別。孟子曰：養而無愛，豕畜之，愛

而不敬，獸畜之。疏趙歧注云：人之交接但食之而不愛，若養豕也。愛而
不敬，若人畜禽獸，但愛而不能敬。引之以證孝必須敬。愚按邢疏既知援
孟子注，言人之交接，則是常人交接，故以豕交獸畜爲比，豈有人子之養
父母而可以常人之相交接一例設喻者乎？斯則包氏之失檢大有關乎義理
者，此爲聖經計，爲學者計，不能爲朱子《集註》諱矣！……不審包氏在
漢時尚未大遠於經師承授之旨，何以謬誤如此？

又駁陸氏《釋文》及邢疏云：

《論語》〈學而〉第一、〈爲政〉第二，陸氏《釋文》於第一篇題下云
「以學爲首者，明人必須學也」，邢疏沿此說，遂誤以次章思無邪亦以爲
政之道言之，此所謂迂滯也……不思當日孔門弟子記述聖言，初無一定體
例，而每篇撮篇首二字，亦非有意義次第也。

又〈先進〉篇「子路、曾晳、冉有、公西華侍坐。」章，駁韓李之說云：

《論語筆解》曰：浴乎沂，浴當爲沿之誤，周三月夏之正月也，堅冰
未解，安有浴之理哉？朱子《論語或問》：漢志三月祓除，官民潔於東流水
上，而蔡邕引此爲證是也。韓李《筆解》疑裸身以浴之非禮，蓋不察乎此耳。

翁氏所糾正諸家各說者，皆能持之有故、言之成理，誠爲持論公允也。

（三）申明漢宋舊注：方綱固主張治經先事考訂訓詁，始能探究義理，然卻不
囿於典制名物，蓋聖人之道亦非盡由典制名物而得也。故其學兼采漢宋諸儒舊說之
精者，非憑一己之好惡而任意去取，此正孔子所謂「無適也，無莫也，義之與比也。」
如〈爲政〉篇「子張問十世可知也」章云：

古注每有拘牽本文近泥滯者，至若子張問十世可知，孔安國訓曰文質
禮變，此說得之矣。雖文質字未免有意逆探聖言，然義亦不害也。蓋聖門
弟子所研討者，見禮知政，聞樂知德，大要所問不出政典禮制之大端耳，
豈有問及十世之國祚修短者乎？當以孔氏爲定解也〔註9〕。

至於宋儒之說，則多崇程朱，觀〈子張〉篇「君子之道孰先傳焉」節云：

君子之道孰先傳焉孰後倦焉，此一節語義相遞凡四重。朱注引程子說
五條，朱子謂程子第一條說此章文意最爲詳盡，其後一條皆與第一條之意
實相表裡。謹案程子此條深得卜子（子夏）之精微，而朱子引此亦深得程

〔註9〕孔安國《論語注》，疑其僞者如劉台拱、陳鱣、臧庸、沈濤、丁晏等家，然清儒中則
有翁方綱力主其眞者，《論語附記》卷上二十七頁云：「世或以古文《尚書》孔傳爲
非眞，而《論語》孔安國訓義則無可疑者矣！」其眞僞問題姑舍不論，而孔注於此
章之說解，義仍可取也。

子之精微。其於先傳後倦二語，雖以有序言之，其實此理徹上徹下，至大至精，從教者學者一邊看之，亦是如此，從聖道全體看看，亦是如此，聖門諸賢發探聖蘊自曾子忠恕一語外，未有善於此者，而唯程子朱子具體之。則漢唐以來解詁者，僅作文字讀之而巳耳〔註10〕。

夫翁氏教人既以篤守程朱傳說為務，則其治經對於程朱之說較之漢儒若有勝義者，自必大力昌明之，不待言已，錄此一節可見一斑矣。

（四）自有創見者：凡於舊注有不愜於心者，翁氏每自有發明，務期說義圓融，無相左也。如〈述而〉篇「蓋有不知而作之者」章云：

　　《語類》曰，問作是述作或是凡所作事，曰只是作事。愚按此作字自兼行事與著述言之，其言知之次，蓋深以別於不知者也，重在知字不重次字，重在別於不知，不重在自居於次。《集注》謂雖未能實知其理，此似輕看知字，重看次字矣。至於首句蓋有不知而作句，則只重在別於不知，《集注》云亦可見其無所不知，此則又似重看知字矣，此所關於聖人語意，故不敢不析言之。

翁氏此說似較勝於舊說，故錄之。又如〈子罕〉篇「後生可畏」章云：

　　後生可畏，焉知來者之不如今也。邢疏云，安知將來者之道德不如我今日也。朱子《集注》：安知其將來不如我之今日乎，即邢疏說也。皇氏義疏云，今謂我今師徒。愈不明白矣。近時俗解乃又謂安知其將來不如我今所期望。此於本文增出期望，亦非也。以愚見此句今字即指後生時言耳。蓋論人者每有輕視後學，謂長大反不及幼時之慮，此在警後學，立論自無不可，而夫子正欲鞭策後生不為輕量，謂豈可以此輕之乎？此必當時有輕量後生之議論，而今無由知其語勢所自也，記《論語》者但記聖言亦不須著其語所緣起也，而其語勢實是如此，疏家自誤會耳。

按此章後云「四十五十而無聞，斯亦不足畏也已。」亦是就後生而言，故「今」應亦指後生時而言，且以後生自身來者與今相比，其義勝於與我相比也。又「畏」字古來注家皆未解說，依《廣雅・釋詁》云：畏，敬也（〈釋訓〉）。若《論語》此章之畏，作「懼」或「恐」解，皆不如作「敬」解為勝，是故後生之將來成就有勝於今

〔註10〕《集注》引程子曰：「君子教人有序，先傳以小者近者，而後教以大者遠者，非先傳以近小，而後不教以遠大也。」又曰：「洒掃應對，便是形而上者，理無大小故也，故君子只在慎獨。」又曰：「聖人之道，更無精粗，從洒掃應對與精義入神，貫通只一理，雖洒掃應對，只看所以然如何。」又曰：「凡物有本末，不可分本末為兩段事，洒掃應對是其然，必有所以然。」又曰：「自洒掃應對上，便可到聖人事。」

者,皆屬可敬也,由此觀之,翁氏之說應為可探。

綜觀翁氏此編之作,可見其治經態度,有三點可取之處,因錄於後:

(一)說經最忌推演

〈為政〉篇首章「為政以德」,翁氏云:

> 愚嘗竊謂凡說經者最忌推演也。

〈先進〉篇「魯人為長府」章,翁氏云:

> 杜注官名本無確指,而《論語》載閔子之言,夫子之言,皆渾淪含蓄,不知諸家何為而必為之演測推論,若親見當日情事,此說經之通弊也。

〈顏淵〉篇「子張問崇德辨惑」章,翁氏云:

> 凡說經者,當就經文所有者精語之,不當於經文所未有者演測之也。

翁氏於是編之中再三言及說經最忌演測推論,此其態度審慎,可見一斑也。

(二)治經不偏漢宋

〈為政〉篇翁氏云:

> 漢唐注疏去古未遠,其所沿承經師訓詁有必不可廢者,此學者不當執宋儒之說理而概議之者也。

〈學而〉篇「道千乘之國」章,翁氏云:

> 注引馬氏二說曰,融依周禮,包依孟子,義疑故兩存焉。按何晏在魏時,去馬包未遠,而於二家所據兩存其義,後之解經以己意斷制者,盍慎諸!

翁氏以發揚程朱傳說之立場,猶能不拘門戶,兼采漢儒,誠可謂學術客觀矣。

(三)不執己見妄改舊說

〈八佾〉篇「關雎樂而不淫」章,翁氏云:

> 凡先儒舊說,苟非在我實有確據,而在彼實有違礙者,乃不得已而擬訂之,否則萬勿執己見以妄改,此亦所謂利不什者不變法也。

〈為政〉篇「孝乎惟孝」章,翁氏云:

> 今以書云孝乎為句,本於伊川先生之說,然以文法論,則閻氏若璩謂此與禮記禮乎禮,漢語肆乎其肆,韓文醇乎其醇相同,此說得之。若以義理論,則書云二字貫下三句孝乎惟孝,深致贊美之義,與下二句相生相貫,亦較單一乎字,虛喝作冒為得味也。愚豈敢妄議程朱乎?

此章即「在我實有確據,而在彼實有違礙」者,故翁氏敢據而議之,非妄改也。

綜言之,翁氏此編既揭示治經應有之態度,並以其廣學多聞,旁徵博采,以成

此作，對漢宋諸儒以及清代時賢有關《論語》之精義皆能蒐錄，誠爲佳作也。

五、崔述《論語餘說》

崔述，字武承，號東壁，直隸大名人，生於乾隆五年（1740），卒於嘉慶二十一年（1816），乾隆二十七年（1762）舉人，選授福建羅源知縣，革弊俗，修文廟，爲諸生講學，於經學之興廢，聖道之明晦，古書之眞僞，舊說之是非，娓娓不倦。未幾投劾歸，卜居彰德閉門著述。成書三十餘種，曰《考信錄》，謂自讀書以來，不以傳注雜於經，不以諸子百家雜於經傳。傳注所言，有不盡合於經者，百家所記，往往有與經相悖者，於是歷考其事，彙而編之，以經爲主，傳注與經合者著之，不合者辨之，而異端小說不經之言，咸闢其謬而刪削之，有謂其書爲古今不可無之書，其功爲世儒不可及之功。（著作甚多詳參《清儒傳略》頁 225）

《論語餘說》一卷，凡二十四則，每則下間有小註，以明此則要旨，或四五則同一旨趣者。茲歸納全編主旨，約得下列數點，依序明之。

（一）論為學

《論語》首篇〈學而〉，古來對「學」字說之眾矣，崔氏獨異於眾說，主張「聞見閱歷，所謂學也」，乃云：

> 蓋凡天下之理，皆寓於事，而事非聞見閱歷不能知，聞見閱歷，所謂學也，故曰，我非生而知之者，好古敏以求之者也。又曰，多聞闕疑，多見闕殆。又曰，多聞擇其善者而從之，多見而識之。晉侯在外十九年矣，險阻艱難，備嘗之矣，民之情僞，盡知之矣。諺曰，不經一事不長一事，學之爲功大矣。

崔氏既主張多聞多見爲學，故反對宋儒格物窮理、靜坐明心之說，蓋孔子曰：「吾嘗終日不食，終夜不寢，以思無益，不如學也。」此其證也。然則學欲何爲乎？崔氏謂「學爲仁而已矣」，故以「學之道，仁之事」通貫〈學而〉一篇之要旨，此其論爲學之大較也。

（二）論為政

孔子答門弟子問政多矣，崔氏以爲其中最精要者有二焉，一者答仲弓之問政，一者答子貢之問政。〈子路〉篇云：

> 仲弓爲季氏宰，問政。子曰：「先有司，赦小過，舉賢才。」曰：「焉知賢才而舉之？」曰：「舉爾所知，爾所不知，人其舍諸？」

〈顏淵〉篇云：

> 子貢問政。子曰：「足食，足兵，民信之矣。」子貢曰：「必不得已而

去，於斯三者何先？」曰：「去兵。」子貢曰：「必不得已而去，於斯二者何去先？」曰：「去食。自古皆有死，民無信不立。」

崔氏云：

> 孔子答仲弓之問政至矣，其次則莫若答子貢之問政，告仲弓者爲長官之要圖，告子貢者，治一國之正務……以此章與仲弓問政章彙參之，天下之政，無出其外者矣。此外答問政者尚多，然皆因人而教之，非通行之政。

其能於眾多問政篇章中，獨取識於此二章，亦可見其卓知矣。

（三）論《集註》未愜處

凡五則。如〈爲政〉篇孟懿子問孝章，《集註》云無違謂不悖於理，又云夫子以懿子未達而不能問，恐其誤會，而以從親之令爲孝，故語樊遲以發之。崔氏不以爲然，乃謂孔子此言已無不發之蘊，懿子不必再問，孔子亦不必申言也。又如〈鄉黨〉篇「必有寢衣，長一身有半」，朱子謂齋主於敬，不可解衣而寢，故別有寢衣。崔氏則據《說文》，以爲寢衣即今之被，蓋當齋時，恐常被之不潔，是以別有寢衣，非若明衣著於身也。故長於身而不爲嫌，如此似於事理爲近。舉此二爲例，餘不贅矣。

（四）論後儒妄駁朱子之失

崔氏雖於卷前列舉《集註》之未愜者五條之多，然於整部《集註》則推崇有至，其言曰：

> 按朱子《論語集注》，精實切當，多得聖人之旨，遠非漢晉諸儒之所能及，然亦間有一二未合於經者，或沿舊說之誤而未及正，或過於求深而反失其平。古人云，智者千慮必有一失，此本事理之常，不足爲異，我苟有所見，不必徇朱子，亦不必爲朱子諱也。子貢曰，君子之過也，如日月之食焉，然則朱子之說，即於經不盡合，正之可也，不得以是故，遂輕議朱子。乃近世聰明之世，多尊漢而駁宋，雖朱註本無可議，亦必曲爲說以攻之，殊屬非是。

夫學術當以眞理爲依歸，非以門戶爲向背，崔氏之說實爲不易之理，亦吾人治經應有之態度也。

（五）論講章俗解之誤

崔氏云：

> 《論語》一書，本屬明白易解，漢儒雖有訓釋，不過略舉事跡粗訓文義而已，至朱子又爲作《集註》，詳矣備矣，無庸加矣。自明始輯《大全》一書，中葉以後，復有所謂講章者，其初本爲學者作舉業計，然於《論語》

本文，委曲穿鑿，多失聖賢之意，而學者莫不觀之，甚且有讀之者，而經
義日晦矣。

崔氏共舉四則俗講之謬誤者〔註11〕，皆能持之有故，言之成理，頗具參考之資。

（六）論文體之異及篇章辨疑

此類多屬考證篇章文字記載之異同，以辨其信疑者也。其言曰：

《論語》前十篇記君大夫之問，皆但言問，不言問於孔子，後十篇皆
稱問於孔子。齊景公之問政亦然，〈衛靈〉篇衛靈公之問陳亦然。蓋後十
篇皆後人所追記，原不出於一人之手，而傳經者輯而合之者，是以文體參
差互異。〈子路〉篇義最精密，文體亦與前十篇略同，〈憲問〉篇次之，他
篇不之逮也。惟〈季氏〉篇文體最異，〈陽貨〉篇采摘最雜，學者所當分
別觀之也，〈微子〉〈堯曰〉二篇中，亦參差不一，惟〈子張〉篇所記，皆
門弟子之言，無可疑者。

夫崔氏畢生精力所注，厥為辨疑考信諸作，關於《論語》者，另有《洙泗考信錄》，
辨之更詳矣。此編之末數則皆與《考信錄》互為表裡，乃其引申也。《清儒學案》卷
九十七云：

孔子曰多聞闕疑，孟子曰盡信書不如無書。至劉子玄乃有疑古惑經諸
篇，東壁實事求是推闡發探其義，視子玄較純，生乾嘉之世，未與休歙諸
賢相接，循其軌轍，殆殊途同歸歟。

清世考證之學盛於乾嘉，崔氏亦其中翹楚也，《學案》云山陽汪文瑞盛稱「其書為古
今不可無之書，其功為世儒不可及之功」，殆非過譽矣！今觀《論語餘說》之作，既
有義理之闡述，以發前人所未明者，復加以篇章文體之考證，可謂撮漢宋之精要，
合義理與考證之深功者也，讀者於其書誠不可忽之焉！

六、劉台拱《論語駢枝》

劉台拱，字端臨，號江嶺，別名子階。江蘇寶應人，生於乾隆十六年（1751），
卒於嘉慶十年（1805），乾隆三十六年（1771）舉人。先生幼不好戲，六歲母朱氏歿，
哀毀如成人，既而事繼母鍾亦盡孝。年十五從同里王雒師學，及見王予中、朱正泉
兩先生書，遂篤志程朱之學。乾隆二十一年試禮部，以次藝偶疵被放，朱文正惜之，
時方開四庫館，海內方聞宿學，雲集輦下，若朱彝尊、戴震、任大椿、王念孫輩，
並為昆弟交。先生齒最少，每發一議，諸老先生莫不折服。先生之學，自天文、律

〔註11〕即〈雍也〉篇「子華使於齊，冉子為其母請粟」章、「原思為之宰，與之粟九百」章、
〈衛靈公〉篇「顏淵問為邦」章之「鄭聲淫」，〈先進〉篇「子曰孝哉閔子騫」章。

呂、六書、九數、聲韻等靡不貫洽。諸經中於三禮尤精研之。不爲虛詞穿鑿，能發先儒所未發，當世者撰書多采其說，所著《論語駢枝》，精深諦確，有功經訓。其它經學著作尙有《經傳小記》三卷、《漢學拾遺》一卷等。

《論語駢枝》一卷，廣雅書局刊本。是書共僅十六則，雖辨說無多，但持論精核。《清儒學案》卷一百零六「端臨學案」卷首云：

> 寶應劉氏，代有聞人，端臨邃於經學，考證名物，犛精理義，未嘗離而二之，所著《論語駢枝》，精深諦確，能發先儒所未發。楚楨叔俛父子繼之，遂成《論語正義》一書，尤稱有功經訓，有清一代治《論語》學者，蓋以劉氏爲集大成矣。

台拱治學篤志程朱，然《論語駢枝》書中並未盲從朱注，凡朱注有未當者，亦能據理而匡之，如〈述而〉篇「子曰默而識之，學而不厭，誨人不倦，何有於我哉」，釋云：

> 第七篇所記多夫子自道之辭，述而不作，信而好古，自道也。默而識之，學而不厭，誨人不倦，亦自道也。此二章語勢一例，何有於我，何所有於我也。時人推尊夫子，以爲道德高深不可窺測，故夫子自言我之爲人不過如是而已矣，何有道德於我哉。「出則事公卿，入則事父兄，喪事不敢不勉，不爲酒困，何有於我哉。」語意亦如是。朱注解「何有於我」爲「何者能有於我」，此說用劉原父，似亦可通，然夫子以不厭不倦自居，與門弟子言之屢矣，至是又辭而不居，何也？喪事不敢不勉，猶曰有所不足，不敢不勉，承當之辭，非謙謝之辭，聖人之言遠如天，近如地，語其遠，又不可及也，語其近，又不可謙也，語默之宜，醉飽之節，曰非我所能其可乎？學者詳之。

此章《集解》鄭曰：「人無有是行於我，我獨有之也」，其說近於誇大，而《集注》：「何者能有於我」，則近於作僞，二者均難圓，劉氏之說則能救此失，似較可從。又如〈顏淵〉篇「愛之欲其生，惡之欲其死，既欲其生，又欲其死，是惑也」，釋云：

> 愛之欲其生，惡之欲其死，猶言進人若將加諸膝，退人若將加諸淵，皆形容譬況之辭。朱注謂死生有命，不可欲而欲之，是爲惑。未免以借言爲正論，人情於親戚骨肉，未有不欲其生者，仇讎怨毒，未有不欲其死者。
> 壽考之祝，偕亡之誓，於古有之，豈得概指爲惑，此說恐非也。

此節之解，劉氏以爲旨在言愛惡反覆無常，既欲其生，又欲其死，復舉正文，以起惑字，非兩意也。是以愛惡反覆無常爲「惑」，而「欲其生，欲其死」只是借言耳，朱注則直以「死生有命」，不可欲而欲之，是爲「惑」，二者有別，亦各備一說。劉氏雖自幼心慕理學，篤志程朱，然論學則是其所是，而不護其所非，故王念孫敘《端

臨遺書》略曰（見《清儒學案》卷一百零六引）：

> 端臨邃於古學，自天文律呂至於聲音文字，靡不該貫，其於漢宋諸儒
> 之說，不專一家，而惟是之求，精思所到，如與古作者晤言一室，而其意
> 旨所在，比之徵君閻百詩、先師戴庶常、亡友程易疇，學識蓋相伯仲。以
> 視鑿空之談，株守之見，猶黃鵠之於壞蟲也。劉氏爲學既兼采漢宋，故是
> 書之作雖僅十六則，然考證名物，孳精理義，兼而備之。義理之辨，如前
> 述者是，而典章制度之考證有駁孔注之非者，更進而指出孔注出於魏人之
> 依託，不足信也。

觀其〈鄉黨〉篇「攝齊升堂」一節，釋云：

> 孔安國曰，攝齊者摳衣也。謹案孔注非也。〈曲禮〉曰，兩手摳衣去
> 齊尺謂即席也，即席必摳衣者，以將就座，《正義》云，恐衣長轉足躡履
> 之是也。於升堂未有言摳衣者，拾級聚足連步以上，自不至有傾跌失失
> 容之患，不必摳衣也。摳謂之攮，攮謂之揭，揭謂之猴。子事父母不涉
> 不猴，侍坐於君子，暑勿褰裳，避不敬也，獨奈何升堂見君反以摳衣爲
> 敬乎，此可知其不然也……愚嘗謂孔注出魏人依託，不足信，此條決非
> 棘下生語〔註12〕也。

案《論語孔注》之眞僞問題，乃劉氏首先啓其疑竇者，稍後有丁晏作《論語孔注證
僞》二卷、沈濤作《論語孔注辨僞》二卷〔註13〕，論之詳矣，沈氏於其書首敘曰：

> 孔子十一世孫安國，爲漢武帝博士，《史記·孔子世家》、《漢書·儒
> 林傳》皆不言其著書，而其書之傳於今者，則有古文《尚書》、《孝經》二
> 傳，識者皆疑其僞，獨《論語》傳散見於何氏集解中，古今無異議。近世
> 劉端臨學博、陳（鱣）仲魚徵君〔註14〕、臧（庸）在東文學，始疑之而未
> 敢訟言攻之，以余觀之亦僞書也。

沈氏《孔注辨僞》書中「攝齊升堂」一則，即全采劉氏《論語駢枝》中上述之文爲
據，由此可知劉氏對孔注之僞早有先見之明，能發先儒所未發，此其可貴處也。

夫劉氏學淹漢宋，深造而自得，《論語駢枝》雖短短十數則，然皆獨到之灼見。
楚楨叔俛父子，克紹箕裘，繼其學而成《論語正義》一書，以爲有清一代《論語》

〔註12〕棘下生謂孔安國也，安國字子國，孔子十一世孫。江藩《漢學師承記》「閻若璩」：「然
　　　　其（鄭康成）書贊曰：我先師棘下生子安國亦好此學。」

〔註13〕詳參本文第四章第二節附辨僞類。

〔註14〕陳鱣有《論語古訓》十卷，其敘有云「孔注古論，據何晏敘，世既不傳，集解所采
　　　　說多不類，且與《說文解字》所稱古文不合，反不如包氏章句之古，疑爲後人假託。」
　　　　詳見本文第四章第一節。

學之集大成者，若非端臨先生爲其先導，則劉氏一門恐無如是之成就也。尤其甚者，俞樾之有《續論語駢枝》，章炳麟之有《廣論語駢枝》者，皆端臨之影響也〔註15〕，由是乃知端臨於清代《論語》學地位之重要矣！

七、梁章鉅《論語集注旁證》

梁章鉅，字閎中，號茝林，別名退庵。福建長樂人，生於乾隆四十年（1775），卒於道光二十九年（1849），嘉慶七年（1802）進士，改庶吉士，散館授禮部主事，入直軍機處，官至江蘇巡撫，以病乞歸，先生自言髫齡時即有志著作，既通籍官京師，日與通儒碩士，上下其議論，服官中外垂四十年，未嘗一日廢書不觀，凡所撰著，皆足以資考證，備勸懲，於承學之士良多裨益。主要經學著作有《論語集注旁證》二十卷、《孟子集注旁證》十二卷等。

《論語集注旁證》二十卷，同治十一年刊本，書首有阮元題名，及同治癸酉六月俞樾序。序云：

> 先生博學閎才，著述繁富，而此書尤義蘊精深，體例詳愼。大都原本紫陽，比附古義，又博采通儒，折衷師友之言，繁而不冗，簡而不漏……合漢宋而貫通之，使空疏者不至墨守講章，高明者亦不敢拾西河唾餘，輕相詬病，於學術士風非小補也。

是編蓋以朱子《集注》爲本，旁采漢唐以降，乃至清代諸儒之說以成其書，故云「集注旁證」。諸篇篇名之下，皆注明該篇章數、要旨，及篇目相次之理，多采皇疏及馮椅〔註16〕之說。如皇疏云：

> 以〈學而〉最先者，言降聖以下皆須學成也。

馮氏椅《論語輯說》云：

> 篇目次第亦略有意義，前論學，學然後從政，故因論爲政以德而次焉。

皇疏論〈學而〉之篇旨尚稱近理，至於篇目次第，雖如馮氏所云「略有意義」，而此處所舉〈學而〉與〈爲政〉相次之理，亦尚無違背，然其餘多篇相次之理，卻說之甚牽強，桂文燦《論語皇疏考證》卷一云：

〔註15〕 俞樾《續論語駢枝》書首云：「寶應劉端臨先生有《論語駢枝》一卷，雖止十數條，而皆精鑿不磨，學者重之，余湖樓無事，讀《論語》有所得輒筆之於書，其體例與劉氏書相近，因題是名焉。」（詳見第四章第三節）〔附〕。又章炳麟《廣論語駢枝·後敍》云：「……其文既少，略依劉氏《駢枝》爲名。世有精理故書者其不以是爲顚倒也。」

〔註16〕 馮椅，宋都昌人，字儀之，號厚齋，進士，官江西運幹，後家居授徒，所註易書詩語孟太極圖西銘輯說、孝經章句、喪禮小學、孔子弟子傳、讀史及詩文志錄合二百餘卷。（參《宋史》卷四百二十五）

《論語》名篇，多因其分篇在是，即取章首二三字以爲篇名，惟〈學而〉，皇氏謂「以學而最先者，言降聖以下皆須學成，此書故以〈學而〉爲先也」，此言猶爲近理。皇氏又云「而者因仍也」，夫學而二字本截此章之文，豈有因仍之義，失之已。至〈爲政〉以下諸篇，皇氏必於篇名求出相次之理，如以〈八佾〉名篇，爲深責季氏之惡，季氏惡不近仁，宜居仁里，故以〈里仁〉次之，凡若此類皆非也。

桂氏但舉一例，以明皇疏強說篇目相次之理之非，其餘十八篇尙有多處亦屬牽強無理者〔註17〕，梁氏旁證，既引皇疏爲說，或已指其非，或仍因其失，則不免欠明矣。如〈公冶長〉篇梁氏云：「皇疏此篇明時無賢君，賢人獲罪，按此只說得〈公冶長〉一節耳，故《集注》統論之。」又〈子罕〉篇云：「皇疏云：外遠富貴，既爲粃糠，故還反凝寂，所以希言。按此義亦該不得通篇，且近祖尙虛無之習，非說經之正軌也。」梁氏於此二篇已正皇疏之失矣，然〈泰伯篇〉又引皇疏云：「物情見孔子栖皇，常謂實繫心慮，今泰伯賢人，尙能讓國，以證孔子大聖，雖位非九五，豈以粃糠累眞，故〈泰伯〉次前。」案前篇〈述而〉，梁氏所注並無言明篇旨或相次之理，此篇又引皇疏之玄言，誠爲令人不解。依桂氏之說，篇名既爲首章之二三字，然則諸篇之相次，其中或有偶然成理者，若欲求其篇篇相次皆有意義，恐非《論語》原始編纂之旨，梁氏此書於各篇之首，廣采諸說以備參考，亦止備之耳，讀者萬勿惑於皇疏之說，而斤斤於各篇相次之理，否則即失於牽強附會矣，此當明之。

是編所采自漢以下多家注解，大抵仍以《集解》及《集注》爲主，此二家各可爲漢宋之代表，自宋以下則亦頗采諸家說解，其中原書已亡佚，幸賴梁氏此編之蒐錄而得保存一二，如前述宋馮椅之《論語輯說》，據王鵬凱《歷代論語著述綜錄》所考，該書今已不見〔註18〕，然是編采錄馮氏之說者多處，如〈八佾〉篇：

　　　　馮氏椅曰：前篇論政，政莫先於禮樂，故通前篇末二章，皆記禮樂之事也。

〈里仁〉篇：

　　　　馮氏椅曰：人而不仁如禮何，人而不仁如樂何。此篇首記論仁，故以次論禮樂之後。

〈子張〉篇：

　　　　馮氏椅曰：始子張子夏而終子貢，三子之言爲多，疑其門人所輯，而

〔註17〕詳參本文第四章第二節「桂文燦《論語皇疏考證》」。
〔註18〕《歷代論語著述綜錄》王鵬凱撰，政治大學中文研究所七十八年碩士論文。該文頁七三：「論語輯說不著卷數，〔宋〕馮椅（經義考）佚，藝文總志未收。」

曾子稱子，則成於其門人者也。

由此可知，馮氏其書至少於同治年間尚存於世，否則梁氏當無由引用其說，此亦梁氏是編存錄之功也。然梁氏是編於采錄清人說解時，間亦有所疏失，觀其〈述而〉篇「默而識之」章，引「翁覃漢先生」曰：

> 上論中兩何有於我，蓋因時人推尊夫子，以為道德高深不可窺測，故夫子自言，我之為人不過如是，有何道德於我哉？朱子謂何者能有於我，乃用劉原父說，其義亦可通。惟夫子以不厭不倦自居，與門弟子言之屢矣，至是又忽辭而不居，且喪事不敢不勉乃承當之辭，亦非可遜謝也，殊不可解耳。

案，翁方綱字正三，號覃溪（1733～1818），曾作《論語附記》二卷，今考《論語附記》書中並無「默而識之」一章之說解，而此段文字則另見於劉台拱《論語駢枝》一書中，其文曰：

> 此二章語勢一例，何有於我，何所有於我也。時人推尊夫子以為道德高深，不可窺測，故夫子自言我之為人，不過如是而已矣，有何道德於我哉？出則事公卿，入則事父兄，喪事不敢不勉，不為酒困，何有於我哉？語意亦如是。朱注解何有於我為「何者能有於我，此說用劉原父，似亦可通，然夫子以不厭不倦自居，與門弟子言之屢矣，至是又辭而不居何也？喪事不敢不勉，猶曰「有所不足」，不敢不勉，承當之辭，非遜謝之辭，聖人之言遠如天，近如地，語其遠不可及也，語其近又不可謙也，語默之宜，醉飽之節，曰非我所能，其可乎？學者詳之。

由是觀之，梁氏所引此段文字，應是劉台拱所言，而非翁覃溪所有，觀上述二段文字，《論語駢枝》所述較詳，而梁氏所錄較略，又劉台拱為翁方綱之門生〔註 19〕，或無為師者竊其門生之語而不明原由，故此處應是梁氏節引台拱之說，又誤植為覃溪先生語也，此亦梁氏此編之微疵矣！

夫《論語》自何晏《集解》行而鄭王各注皆廢，自朱子《集注》行而何氏《集解》及邢皇二疏又衰，至清毛西河大肆攻擊朱子之說，遂使漢宋之學判若冰炭。世謂漢儒專攻訓詁，宋儒偏主義理，此猶影響之談、門戶之見，其實漢儒於義理亦有精勝之處，宋儒於訓詁未必無可取也。梁氏此書乃以漢學治宋學，意在發明，不主攻擊，而自足以救空疏之弊，其最大之貢獻乃在於「合漢宋而貫通之，使空疏者不至墨守講章，高明者亦不敢拾西河唾餘，輕相詬病，於學術士風非無小補也。」（俞

〔註19〕 翁方綱《論語附記》卷上（藝文印書館《論語集成》本）頁十六：「劉生予門人，其為人醇正篤實，曩館京師，時來吾齋討論經義。」

樾語）讀此編者，應有所警惕焉！

八、黃式三《論語後案》

　　黃式三，字薇香，號儆居，浙江定海人，生於乾隆五十四年（1789），卒於同治元年（1862），歲貢生。父興悟素嚴，先生先意承志，恆得歡心。嘗應鄉試，母裘暴卒於家，馳歸慟絕，誓不再赴試。父老病，臥床數年，衣食潰洗必躬親之，比歿持喪以禮，每值父母祭日，涕泣哀思，行之終身如一日。先生博綜群經，尤長三禮，謹守鄭學而尊朱子，嘗謂讀書不治心，猶百萬兵而自亂之。子以周、從子以恭、孫家岱俱能傳其學。東南稱經師者，必曰黃氏盛矣！主要經學著作有《論語後案》二十卷、《易釋》四卷、《書啓幪》五卷、《詩叢說》一卷、《詩序說通》二卷、《詩傳箋考》二卷，《春秋釋》四卷、《儆居集經說》四卷等。

　　《論語後案》二十卷，光緒九年浙江書局刻本。書首有〈論語管窺敍〉、黃式三〈論語後案敍〉、〈論語後案自敍〉及黃以周記《論語後案》付梓經過一篇（跋）。本書乃取何晏《集解》、朱熹《集注》為綱，另廣取諸家說義相互比較，不為漢宋門戶之見，不作古今軒輊之分，是其所是，各求其當，以案語敍其所以，定其主從。初名「後案」，又易名「管窺」〔註20〕，後其子以周刊印其書，復題曰「後案」。此書刊刻過程大略可由諸篇記敍之年月推知如下：

　　　　一、〈論語後案敍〉：道光十六年（1836）「丙申正月黃式三薇香自敍」，時年四
　　　　　　十八。〔註21〕
　　　　二、擷生〈論語後案敍〉：道光二十三年（1843）「癸卯四月黃式穎擷生敍」。
　　　　三、〈論語管窺敍〉：同治元年（1862）「壬戌夏月儆居老人年七十有四書」。
　　　　四、跋：光緒八年（1882）「壬午八月不肖子以周敬識」。
　　　　五、刊刻：「光緒九年浙江書局刻」（1883）。

〔註20〕　〈論語管窺敍〉云：「「管窺」舊名「後案」，以前列何氏《集解》、朱子《集注》故
　　　　也。嚴鐵橋、馮柳東二先生言，舊解人所習見不必錄，今後之，略加增刪而易名「管
　　　　窺」焉。」

〔註21〕　今所見為《無求備齋論語集成》本（嚴靈峰編輯），乃藝文印書館據光緒九年浙江書
　　　　局刻本影印，然誤將〈論語管窺敍〉之第二頁以下，與〈論語後案自敍〉之第二頁
　　　　以下版面全部錯植，造成其間文意不通。後人竟因此而誤解〈論語管窺敍〉為「丙
　　　　申（1836）正月黃式三薇香自敍」，〈論語後案自敍〉為「壬戌（1862）夏月儆居老
　　　　人年七十有四書」，其間相差二十六年，前後顛倒。如李紹戶撰「黃式三論語後案釋
　　　　例」一文，即受此誤導而不自覺（刊於《建設雜誌》第二十四卷十二期），更據此推
　　　　論云：「夫黃氏作〈管窺敍〉，時為丙申正月，約四十八歲。……而〈後案自敍〉已
　　　　在壬戌夏月，黃氏自署七十四歲。」豈不大謬？今據《清儒學案》卷一五三「儆居
　　　　學案」所錄〈論語管窺敍〉及〈論語後案原敍〉（集成作自敍）校之，是非立判矣！

黃以周〈後案〉跋云：

> 道光甲辰（1844）用活字版印行是書，仍依原稿不用許嚴二先生之言。
> 乙巳（1845）以後時復增刪，丹黃錯見，晚年命以周謄錄全冊，以為定本，
> 祇存案語。《集解》、《集注》則兩乙之，改命其書曰「論語管窺」，存諸家
> 塾已十餘年。辛巳（1881）陞任譚制軍……以是書有裨後學，遂付梓書局，
> 以周以後改定本為請，譚制軍以為錄《集解》以存古義，錄《集注》以遵
> 功令，體例甚善，宜用前本，案語之增損者，則從後本。

由上文可知此書首次印行於道光甲辰年（1844），書名「後案」。至於「管窺」則為
後之增刪，且只有以周謄錄「後案」部分，實際並未印行，此時已是式三七十四歲
之晚年（同年卒）。至第二次刊刻付梓，已是光緒九年（1883），時式三已逝世二十
年，書名仍曰「後案」，《集解》與《集注》仍列於前。故此書始終皆以「後案」之
名行於世。

以上為本書刊印之大略，至於其內容要旨，式三〈後案自敘〉云：

> 夫近日之學，宗漢宗宋，判分兩戒。是書所采獲，上自漢魏，下逮元
> 明，以及時賢意。非主為調人，說必備乎眾，是區區之忱端在於此，而分
> 別門戶之見，不敢存也。

〈管窺敘〉又云：

> 自元明以來數百年，聚天下之才人學士，使之畢力於《論語》，故說
> 之者多。不佞素無門戶之見，急分漢學宋學，故采之也備。如人不知而不
> 慍，采皇疏學而不厭誨人不倦二說，又兼阮氏雲臺說為知命。孝弟為仁之
> 本，采《後漢書‧延篤傳》、東發日鈔。傳不習乎……

〈管窺敘〉自此以下，通篇皆在明全書各章節所采獲諸家之說，故極冗長然亦扼要
也。今核其內容，約得重要數點如下：

1. **廣采眾說，取從一家**。有從《集解》者，如〈衛靈公〉篇「子曰君子求諸己」
章：

> 《集解》：君子責己，小人責人。
> 《集注》：謝氏曰君子無不反求諸己，小人反是，此君子小人之所分也。
> 《後案》：何氏以求訓責，責諸己者，上章躬自厚病無能，下章矜而不爭
> 　　　　　皆是也。

有從皇疏說者，如〈學而〉篇「人不知而不慍」節：

> 《後案》：《集注》尹說同皇邢之正解，人不知之，囂囂自得，仍學而不厭
> 　　　　　之道也。皇邢又言教之不知，不以慍而棄之，善與人同不忍自

> 私，是誨人不倦之道也。

有從《集注》之說者，如〈顏淵〉篇「子路無宿諾」章：

> 《集解》：宿猶豫也，子路篤信，恐臨時多故，故不豫諾。
>
> 《集注》：宿留也，猶宿怨之宿，急於踐言，不留其諾也。
>
> 《後案》：久要不忘，豈非豫諾，而禮有諾責之訓，舊說亦可爲雅言許人
> 　　　　者戒也，然以《集注》爲正。

其餘有從惠半農、陸稼書、呂伯恭……等，不贅舉矣。

2. **指正舊注失誤者**。如〈先進〉篇「論篤是與」章，指《集解》之誤也。〈述而〉篇「子曰志於道章」斥「何解邢疏，以虛無爲道，異端之說」。〈衛靈公〉篇「子曰知及之仁不能守之章」，指「朱子有仁包四德之說，於此章不能通也。」〈泰伯〉篇「君子篤於親則民興於仁」章，駁「吳才老指爲曾子之言，臆說耳。」凡此諸章，皆黃氏以其高識而正諸說之訛者也。

3. **前說不足，自出新義者**。如〈子張〉篇「子游曰吾友張也」章：

> 《集解》：包曰言子張容儀之難及。
>
> 《集注》：子張行過高而「少誠實惻怛」之意。
>
> 《後案》：爲難能也，言其爲所難爲也，以一介儒生欲行非常之仁，失近
> 　　　　取之方而實澤未必能周也。

此章《集解》言之未詳，《集注》釋「未仁」爲「少誠意惻怛」，似有未安，「未仁」當釋爲德行未至其全，黃說爲是。

《後案》一書廣搜博采，內容極富，原非一二例可道盡，故但選列上述若干以見其一斑，然則其書之優點如何，茲簡述於后。

一者是書《集解》、《集注》並列，使漢宋解經方向，因此相較而異同立明，作者復加以後案，權衡得失，使學者知所取舍，可謂治《論語》者最佳之參考也。

二者書前有〈論語管窺敘〉，詳列各章所采獲之諸家，綱舉目張，對研究者言，有如目錄之查索，甚是方便。

三者是書廣引史傳事例以闡明經義，所引歷代名臣俊彥亦皆以聖賢相期，心慕其道者。此亦啓發後代研究《論語》者能視解義與事例驗證爲同等之價值，黃氏實有開啓先河之功。〔註22〕

總之，黃氏《後案》一書，乃最先以《集解》、《集注》並列，兼采漢宋之學者，而其博學與高識，不泥於訓詁，不沈於義理，能免於漢宋門戶之見，實爲難得。近

〔註22〕劉寶楠《論語正義》亦頗引史傳事例以明經義，二者異曲同工，皆爲啓先河者也。

人程樹德評之曰「其旨仍在左祖漢學」（《論語集釋・凡例》），疑其乃就所采資料多寡而論，然就其並列漢宋之旨而言，應是瑕不掩瑜矣！

九、姚永樸《論語述義》

　　姚永樸，字仲實，安徽桐城人，生於嘉慶五年（1800），卒年未詳。

　　《論語述義》十卷，咸豐十年（1860）刊本。卷首有弟永概序，卷末有永樸敘錄。

　　永概序云：

> 吾兄仲實授正志學校諸生，以斯經先取張文忠公〔註23〕直解刪節之，以教小學。顧其書一宗集註，於古訓及朱子以後諸儒之所發明者，皆不能備不足以稱其意，於是博稽群解，精研而慎擇之，成《論語述義》十卷，然後訓詁義理既不偏重，且訓詁當而後義理因之以明，義理安而後訓詁賴之以定，誠斯經之善本也。

觀其序而是編之所由作及其要旨皆已瞭然，至卷末之敘錄則備載〈孔子生卒出處〉、〈論語綱領及讀法〉、〈論語名義字數〉及〈傳授源流注解得失〉、〈例略〉等，於《論語》之相關背景皆述之詳矣！〈例略〉則云：

> 古今解此經最著者千有餘家，今就所見擇而錄之，大率不外漢宋二派，宗漢派者詳於訓詁名物，宗宋派者詳於義理。是編主於明經，惟善是從，無敢偏徇。

觀此數語，亦知其治經取向，蓋為漢宋兼采也。其於先儒自立一說者，皆作正注，其引申之語則用小字附載之；於舊說確知其得失則取其義之長者，其或未易決定則並存，而各以案語明其去取之義於後，其例亦稱善矣！唯觀其所采漢宋諸說，亦無別於他編所錄，蓋於舊說中亦難翻出新義矣，此諸編之通例也，未可苛責焉。

十、胡夤《明明子論語集解義疏》

　　胡夤，原名止三，譜諱在寅，號伯寅，又號止珊，浙江定海人，生於嘉慶十七年（1812），卒年未詳，以鄉貢士終。先生天姿聰穎，性行誠樸，精算術，善鼓琴，因自號琴琴子。事親孝，愛弟如珍寶，濟人急，周旋備至，德也。襄公事，籌畫妥善，才也，年十四初試即得第一，後優拔鄉闈，俱以故不得志，是蓋有命存焉。家貧無書，苦聚一生，得善本數萬卷，為學實事求是，不分漢宋。自撰圖章曰：六藝

〔註23〕張九成，宋錢塘人，字子韶，自號橫浦居士，又號無垢居士。寶慶間，追諡文忠，作《論語解》十卷。

思通其四。凡經傳子史無不精研淹貫。年四十餘自以數奇遯世家居，惟主講書院數年，肄業者多獲諝經義。年五十四患目疾，醫治後並不花，幸目之重明，晚號「明明子」，次年矢志撰《論語集解義疏》，越五載乃成，計二十卷。

《明明子論語集解義疏》二十卷，《四明叢書》本。是編蓋成於同治九年（1870），然久未付梓，迨民國二十五年（1936）年張壽鏞刊刻於《四明叢書》，始行於世。故書首有壽鏞序及門人張炳鎔撰墓表，正文前有條例七則及胡氏自敘，書末有後敘及同鄉孫爾瓚跋，并張壽鏞所識刊刻經過及諸孫所誌諸文，皆記其因由也。

胡黌受學於做居子黃式三，式三有《論語後案》之作，故胡氏自敘云：

> 薇香師之爲《後案》也，全錄《集解》、《集注》，當時予亦同爲參酌，後又謂予曰：「朱注乃功令所尊，間有不合之處難於讎校，汝可爲《集解》作義疏，采古今各說，及朱注之是者，錄爲正義，倣穀梁之范解，不必拘疏不破注之例也。」予今年五十有五，距聞斯言十年於茲矣，痛哲人之見背，歎日月之如梭，爲此不揣冒昧，本《後案》之成說，以申《集解》之古義，上遵師訓，下貽兒曹，冀後有人焉，節其繁而文其質，予得聞道又可不死矣！

夫經學至清代而漢宋異壘，《論語》亦不能免。何晏《集解》乃集漢魏諸說之大成；朱子《集注》則宋儒之薈萃，其間則皇邢二疏承啓其緒耳。黃式三《後案》之作，既欲絕漢宋之分門，闢元明之理障，故全錄《集解》與《集注》，參酌之而爲其《後案》，然言之稍略也。胡氏此編既秉《後案》成說，復詳申《集解》之古義，然於《集注》之優點亦未曾舍也，故亦爲溝通漢宋之功臣矣。至是編旨趣，條例中已明之，茲摘錄其要於后：

（一）是書題曰集解義疏者，義謂正義，以釋本經，疏謂注疏，以釋集解。因名與梁皇甫氏義疏相同，恐其混淆，蒙別號明明子，因題三字以別之。

（二）經文篇第章句以阮氏校勘注疏本爲主，而附載釋文考文考異及經史子集書所引異文於其後以便校覆。

（三）所采錄諸家有陸氏音義、韓李筆解、朱子之集注精義、或問、文集以及漢魏唐宋元明清各家之儒說，詳爲登載，論學不分漢宋，考古以定是非。唯於皇疏錄之獨多，以其亡在日本，朱子猶未及見，其所列各家論說，雖是六朝粉本，不啻片羽吉光，故多所錄也。

（四）不論經史子集，苟有精意名言可與本經相發明相表裡者，不嫌詳錄以資考訂，即如古文尚書、竹書紀年、家語、孔叢子、小爾雅之類，明知後人依託，各經注疏所引河洛讖緯諸書，又系術士附會，但出於魏晉以前，

多從古經傳鈔撮而來，其書則非，其言則是，與其過而棄之，孰若過而存之，故皆爲所采也。

（五）是編雖以黃氏後案爲藍本，然有意見不同之處，亦明辨其是非，而無一味雷同附和也。

由上所述，而是書大旨已可瞭然，唯綜觀全編之作，作者頗欲融通典訓義理於一爐，殆即其所謂「義理必本於音訓，典禮須觀其會通」者乎！再以《後案》與此編并觀，則師徒二人可謂前後輝映，相得益彰矣！是編之足爲學者所取資，亦於此可見焉。

十一、聶鎬敏《論語說約》

聶鎬敏，字京圃，湖南衡山縣人。生平未詳，嘗受業長沙張忍齋門，作《論語說約》二卷。

《論語說約》二卷，道光元年（1821）衡山思誠室刊本，卷首有聶氏自序，序中多言魯論、齊論、古論之分合異同也，又詳列陸氏《釋文》載魯論二十條，皆一一錄之，甚覺其冗也。而是編之成因僅略及耳，蓋聶氏受業張忍齋之門，張爲講說四書五經，於《論語》尤津津焉，後其師去世二十二年乃成此《論語說約》，以爲就正有道之資也。唯觀其內容亦多舊說傳鈔，罕見發明也。

十二、潘衍桐《朱子論語集注訓詁考》

潘衍桐，廣東南海人，原名汝桐，字嶧琴，號椒堂，生卒年未詳，同治間進士，官至翰林院侍講學士。書室曰緝雅堂，著有《朱子論語集注訓詁考》、《兩浙輶軒錄》、《爾雅正郭》、《緝雅堂詩話》等書。

《朱子論語集注訓詁考》二卷，浙江書局刊本。卷首有光緒十六年十二月潘氏自序云：

> 竊謂朱子生平著書至多，而《論語集注》尤爲精粹，因命詁經精舍諸生尋繹此書，詳考義所從出，遍采舊注及群經子史注，以著來歷，明非朱子自造。課卷甚繁，細加搴采，撮爲二卷，取其易曉。義或簡奧，則援某生以申明之，研經之士由是以考制度辨名物，窺先聖之微言，窮義理之所歸，余固日夕望之也。

是編乃本諸朱注，考其訓詁名物所從出，以糾一般人之誤以爲朱子只談義理不明訓詁者，由是而知朱子教人亦是以通訓詁爲先務，非空談性理，淺率之流所可比也。潘氏有鑑於是，故於官浙江學政時，乃命詁經精舍諸生，合力爲此編也，當時參與

諸生，如鄒壽祺、陳景條、崔適、樓蔚然、王正春、袁堯年、汪昌烈、陸以增、楊譽龍、孫兆熊、袁寶忠、高章元、項詠等人，即序所謂「義或簡奧，則援某生以申明之」者是，故知此編非潘氏一人所纂，乃合眾力而成者也。

是編所采舊注，如何晏《集解》所列各家、皇疏、邢疏等皆爲朱注所本也；而群經子史傳注遍及各家，則更博矣，由是益見朱子學養之浩瀚矣，而諸生用功之勤，蒐求之詳，其堪稱朱子之知音也，且嘉惠後學之功，亦可謂巨矣！然而是編亦只以考證爲主，其於朱子注解之當否，則僅偶而略及矣，如〈先進〉篇「柴也愚」章：

> （集注）家語記其足不履影，啓蟄不殺，方長不折，執親之喪，泣血三年，未嘗見齒。

> 家語弟子篇文，無「泣血三年」四字。

此乃潘氏對《集注》之訂正，然亦只關乎引文之差異，至於《集注》之說義，則未見有所駁正者，故知其乃朱子之信徒也。又是編之所蒐錄，於《論語》舊注與朱注所同者，即定其爲朱注所本，然於其它子史傳注，但見文字略同於朱注，亦指爲朱子所本，此等牽強處恐未能首肯於朱子也，如〈先進〉篇「子路曾皙」章：

> （集注）和煦之時

> 《宋書・謝靈運傳》「承和煦而芬腴」。

此處經文「暮春者，春服既成」，《集注》曰：「暮春和煦之時」，潘氏乃舉《宋書・謝靈運傳》，〈山居賦〉之「承和煦而芬腴」句，以爲即是《集注》所本，而徐陵〈在北齊與宗室書〉中有：「月應雲龍，星移殷鳥，天明和煦，體中何如。」之句，然則究竟何者方爲《集注》所本乎？愚以爲二者皆是，然亦皆非也。按揚雄《太玄》釋云：「陽氣和震圜煦釋」，《禮・樂記》云：「天地訢合，陰陽得，煦嫗覆育萬物。」若以時代論，則後二說尚早於前二說，若欲探其所本，何舍之乎？而《集注》言「和煦之時」亦只是爲「暮春」作注，僅一普通辭耳，似不必定要考其所本也，故其說恐屬附會矣。

十三、劉名譽《論語註解辨訂》

劉名譽，字嘉樹，廣西桂林人。生平未詳。

《論語註解辨訂》二十一卷，民國七年桂林排印本。書首有光緒三十二（1906）年劉氏自序，書末有光緒三十年跋，另有「卷首」載錄「聖蹟考、何晏集解敘、朱子要義敘、義疏論語說、論語考、論語本末、讀論語之法，學者用力之方、《論語》彙言」，可作《論語》概論讀也。劉氏自序云：

> 即此經（論語）而論，其治此者弊凡兩派：一漢學派非眞漢學也，苟

焉於博洽之名而已，拾取一訓詁之訛，剔抉一制度之頤，囂囂以駁朱子。艾千子有言，學莫陋於厭薄集註、驕語漢疏，遂欲駕馬鄭王杜於程朱之上，不知漢儒於道十未窺其一二也。宋大儒之所不屑，今且尊奉其棄餘乎！誠哉斯言！其弊一也。一宋學派非真宋學也，漫然以爲制藝而已。試觀坊塾講章，不曰某理某事也，而曰某字若何，某語氣若何，某虛神若何，噫！抑未已具此兩弊，安得有實學真材耶？

劉氏所舉漢宋學之二弊，確爲至論，皆深中其肯綮也。既感於二派之各有所偏，遂兼采之，於漢學取《集解》，宋學取《集註》，擷其正辨其偏，擇其精訂其陋，又轉采古今先儒之說，綜合義理訓詁名物度數而辨訂之，凡宋儒考據之有訛者，取漢學辨之，漢儒義理之不合者，資宋學訂之，遂成此編，名曰「註解辨訂」，蓋漢宋兼采意也。

劉氏既爲此編，復有「彙言」以便檢索者，蓋分「論學、論仁、論義、論性、論道、論德、論知……論治法、論傳道。」凡五十七類，皆薈萃性質相同之章而彙言之也。蓋《論語》之成書，本諸弟子所散記，義理亦因之而散見，未若《學》、《庸》二書之提綱挈領，又不似《孟子》之長言辨難，反覆詳細，無怪乎後人能融會者之少也。劉氏乃聚二十篇之大義，各標事彙而眉列之，後之學者即可依之檢索焉，亦可不致條理之混矣！誠有功於學也。

〔附〕其 它

一、尤侗《論語詩》

尤侗，字展成，江蘇長洲人，生於明神宗四十六年（1618），卒於清康熙四十三年（1704），事蹟未詳。

《論語詩》一卷三十首，《西堂全集》本，卷首有王崇簡題序及尤氏自序，王序云：

> 展成英矯崛起，旋以選人留京師，時選士南宮，閉門燕市，三日而成《論語詩》三十首。昔人謂意有所鬱結，而不得其志者，必於歌詠發之，展成藉聖賢之精意，質行隱約于流連歌詠之中，聖人復起，如獲我心，展成豈有所鬱而不得其志耶！

尤氏自序則云：

> 唐人以詩取士，亦用四子題，如行不由徑，知者樂水之類，後人罕有擬者。今春入長安，見新郎君東塗四抹，方以制義爭霸，爲此寂寂，白日

笑人，作詩則違衆，作文則近于效顰，因倣唐人法，于諸公三試日，各賦
十題，酒酣耳熱，又手便成，觀者當憫其無聊，勿以嬉笑怒罵律之，若比
于張子韶論語頌，則吾豈敢？

觀此二序可知是編之作，蓋尤氏不得志於制科，內心有所鬱結，故發爲吟詠也，詩
凡三十首，皆七言律句也，內容則取《論語》之章節爲題，摭聖人之精意，藉以發
抒情志也。如「有朋自遠方來」：

雞鳴風雨閉門時，門外車聲千里遲，乍望楚山逢宋玉，正彈流水對鍾期。

一梁落月添新夢，三徑停雲憶舊詞，共把高文醉樽酒，莫將姓氏問屠兒。

此蓋藉〈學而〉章「有朋自遠方來，不亦樂乎」之旨，融於詩句中，以「共把高文
醉樽酒」舒其樂也，復以「莫將姓氏問屠兒」寄其感焉，此其通篇大較也，亦治《論
語》之別趣乎！

二、俞樾《論語小言》

俞樾，前已錄。

《論語小言》一卷，《第一樓叢書》本。卷首有俞氏自序云：

昔孔子贊易，舉中孚九二等七爻而說之，又舉咸九四等十一爻而說
之，假借經文發揮意義，此其濫觴矣。漢韓嬰著《詩外傳》，雜引古語古
事，證以詩詞，於經義不必盡合。班固稱三家之詩，或取春秋、采雜說，
咸非其本意，是古之經師固有此例。《韓非子》書有〈解老〉、〈喻老〉兩
篇，引老氏之文成一家之說，亦其流乎！占畢之餘，偶有一得，輒引《論
語》以證成之，詹詹小言無當大道，至其體例，蓋有自來，先民有作，非
曰侮聖。

是編名曰「小言」，固與諸家說解有別，此非解《論語》者，乃引《論語》以解我之
說也。序中所謂孔子贊《易》、韓嬰著《詩外傳》、班固稱三家詩，乃至《韓非子》
之引老子，皆假藉其文而發揮意義也，於原義不必盡合也，此例乃爲俞氏所取而成
此「小言」也。觀《論語》篇章中，夫子與弟子所引詩句，亦多假藉發揮者，如〈學
而〉篇「子貢曰貧而無諂」章引「詩云如切如磋，如琢如磨」，乃《詩經·衛風·淇
澳》之篇；〈八佾〉篇「子夏問曰：巧笑倩兮，美目盼兮，素以爲絢兮。」《集解》
馬曰：「此上二句，在衛風碩人之二章，其下一句，逸也。」子貢與子夏皆因善引詩
句以爲之喻，夫子乃許曰「始可與言詩已矣」，可見俞氏固有所本也。唯覽是書者當
慎乎此中所論皆俞氏一己之思想，而借用經文以喻其意，非經文即爲是意也，如：

不觀夫如京師者乎，有陸行而至者焉，有水行而至者焉，陸行者之所

遇，水行者不遇也，水行者之所見，陸行者不見也，故曰道不同不相爲謀。
然既至京師則所遇同，所見同矣，故曰有教無類。

夫子「有教無類」之義，自與「道不同不相爲謀」語有所別，俞氏以「如京師」一事而引此二句，雖可成其說，然究與夫子本意有別也。又如：

夫火一也，焚椒桂則香，燔枯骨則臭，火豈有香臭哉。夫水一也，以調飴則甘，以和藥則苦，水豈有苦哉。火無香臭，故可以香可以臭，水無甘苦，故可以甘可以苦；性無善無不善，故可以爲善可以爲不善，子曰「性相近也，習相遠也」此之謂也。或曰有性善，有性不善，是謂火有香臭，水有甘苦也，或曰性善是謂凡火皆香，凡水皆甘；或曰性惡，是謂凡火皆臭，凡水皆苦也，其不然乎，其不然乎！

性之善惡爭議，自古未休，夫子但言「性相近」耳，孟子則推爲性善說，荀子則主性惡論，衍至宋儒乃有理、氣之辨，其說益繁矣。俞氏此說舉水火以爲喻，謂「性無善無不善，故可以爲善可以爲不善」，誠屬妙喻矣，而推其本則近於佛氏之言也。此亦應有所辨，蓋儒佛之論性，究竟處仍屬有別也。然俞氏此編自有其獨特見解處，是乃從治《論語》而有得也，蓋亦舉一而反三者也，孰謂不可乎？

三、畢梅《論語說》

畢梅，字雪莊，河北灤州人，生平未詳。

《論語說》二卷，光緒二年（1876）刊本，卷首有自序及門生史夢蘭序，自序云：

《論語》何以名《論語》，皆說也，《論語說》則又說所說矣！有正說有別說，有我說有諸家說，有以說說有以不說說，率四語用韻，不知者謂爲論語詩，其知者謂爲論語說。

由此短序中可知是編蓋以五言四句之形式而說《論語》者，形式雖同於詩，然內容則說《論語》也，史夢蘭序云：

吾師畢雪莊先生著有《論語說》上下二卷，每章四句，每句五言，似詩非詩，似說不說，說此不專是此，不說此實恰是此，正喻並用，莊謔雜陳，書旨所在俱可於言外會之，妙解人頤，不讓匡衡之說詩也。

夢蘭除爲作序外，並爲此編箋註，蓋此編欲以二十言之短語而說解一章之涵義，勢必有所未盡者，故亟須史氏爲之箋以明其所用典訓也。然以諸儒說經，千百言猶恐未能說盡一章半句之奧旨，畢氏何人哉，其能以二十言而統攝之乎？觀〈學而〉章云：

《論語》立學宮，上與六經續，後世講學家，紛紛作語錄。

夫《論語》首章「學」字，歷來說家無不視爲第一要義，然而畢氏此四句，與學字要義幾無關痛癢者，不知何所取也。又「吾十有五而志於學」章云：

由定而悟化，大概略可睹，夫子口自述，便可當年譜。

觀此二十言之旨，亦只「年譜」二字耳，尙不須如此煞費周章，徒具形式也，故知自序所謂「正說別說」云云，亦只故弄虛玄耳，若以是編較於尤侗之《論語詩》，尤著當更富其趣矣！

四、劉忠《增訂二論詳解》

劉忠，字藎侯，桐柏人，生卒年未詳。年方四十，即棄舉子業而專研四子之書，雖貧病交攻，曾不少懈，直欲集宋明以及清朝諸儒之說，統會融貫而折其衷。

《增訂二論詳解》四卷，光緒間狀元閣刊本。卷首有乾隆四十一年劉修杜（擎一）序。是編蓋爲童蒙設也，故序所言大抵皆正蒙之旨也，序云：

《易》曰蒙以養正聖功也。嗟呼養正之難如行路然，不引之於大道，未有不入於崎嶇者；如治絲然，不引之以頭緒，未有不擾於棼結者，則所需於解說者急也。

是編一名《典故二論引端》，又名《講書二論》，其體式蓋分二欄，上欄解字義，下欄消文意，一層釋字一層釋句，字句之間互相發明，開端有起，結末有收，起收之內，圈隔不混，一目了然，白話敘述，簡淺而平正，是訓蒙之良輔也。

五、陳濬《論語話解》

陳濬，字心泉，福建閩縣人，生平不詳。

《論語話解》十卷，光緒癸卯湖南洋務局刊本，卷首有同治十三年同邑林壽圖序，略云：

四子書中，廣大悉備尤莫如《論語》，有童而習之，至老不能融會貫通者，無他，入塾之初，蒙師講解支離附會，以致槁項黃馘於經旨茫如，可歎也。夫行遠自邇，登高自卑，孩提之童知識有限，遽以深且奧者語之，既虞其扞格難入，即一二老師宿儒，口講指畫，批卻導窾，稍有開悟而過而輒忘，亦無以留其目而注其心。陳心泉觀察少與余同執業曹懷璞，先生被服語言，粹然儒者，既通籍服官中外，猶汲汲以學爲事，著書滿家，未竟其志而歿……是書不矜奇，不騖博，深切著明，揆諸孔門問答，無毫髮累黍之差，而歸諸簡易，使窮鄉僻壤家置一編，雖無賢師長之指示，皆開卷瞭然於心目，誠蒙養之先資也。

是編之作固爲童蒙初學而設也，章節之下附有簡略之注，然皆不明標何人之說，亦不多標各家異說，乃以己意逕裁之而爲之注焉，蓋爲童蒙而作，慮其語多歧異則扞格難入也。注後爲「話解」，乃將全章或全節義旨，融貫消釋，易以淺白話語，款款述來，或補入數語，以求義旨更圓暢，或略述故事，使閱者更易瞭解章旨，皆須深入而淺出，言簡而義該，既欲周密，又不可深奧，此誠爲作童蒙書之難處，亦可見陳澧編此書之用心良苦矣！觀其〈學而〉篇「三年無改於父之道」解曰：

> 須是在三年孝服期內，所有家中大小事務，一切還遵照父親法度，不敢絲毫更改，仍然像父親在世一般。就是有應當更改的事件，也不敢就改，且等到三年後再說，這纔是眞有愛父敬父的心，可以算得個孝子了。若說父親去世，該我做主，要改就改，被人看見，倒像是願意父親去世，得以自由的光景，就是改得很是，也未免有虧孝道，況且有胡行亂做的，那更是大不孝的了。

陳澧之話解，極其委婉暢順，由此可見一斑，其餘篇章亦多如此類，茲不贅舉。論其價値，與今日坊間所見之話解諸書，誠可謂勝之多矣，尤以時下讀經風氣式微，《論語》一書雖列爲中學文化基本教材，然觀其坊間教本所作話解，非語譯生澀，即語焉不詳，卻令初學者倍感枯躁乏味，且多只隨文消釋，未做融會貫串，以致學子亦僅誦其文而未會其義，聖人之經旨終是未能稍稍體會，教者亦莫可奈何，實可歎也！於今之計，則陳澧之話解或可備其須，終勝於街坊之淺陋者也。

陳澧之話解雖是說義流暢，敘述委婉，然因《論語》本身篇章古來即頗多歧義者，而陳氏之書又僅爲童蒙而設，故於涉有歧義之章節，則不遑一一備述眾說，致所采說，間有欠周密者，讀者不能不察也。如〈八佾〉篇「夷狄之有君」章，向來有二說，皇疏云：

> 中國所以尊於夷狄者，以其名分定而上下不亂也，周室既衰，諸侯放恣，禮樂征伐之權不復出自天子，反不如夷狄尚有尊長統屬，不至如我中國之無有也。

邢疏則云：

> 夷狄雖有君長而無禮義，中國雖偶無君，若周召共和之年，而禮義不廢，故曰「夷狄之有君，不如諸夏之無也」。

案，皇疏之說，卑中國而尊夷狄，邢疏尊中國而卑夷狄，孔子方尊諸夏而攘夷狄，豈其反尊夷狄之上哉？故當以邢疏爲是。陳澧話解采皇疏之說，未得之，吾人自當深察。又〈衛靈公〉篇：「子曰吾猶及史之闕文也，有馬者借人乘之，今亡矣夫。」話解云：

孔子說，古時風俗純厚，所以前輩爲人大都作事謹愼，待人忠厚，我少年時曾及見作史官的，遇有可疑處，寧可闕字待查，不肯任意妄造，有養馬的人家，也肯借人乘騎，並不吝惜，這都是前輩的好處，如今風俗衰薄，連此等事也沒有見了。

此章之說解，古來已甚紛歧，而多穿鑿附會之見，「有馬者，借人乘之」，包注以闕文借人兩事平列，邢疏謂有馬借人爲舉喻，皆難圓其說，蔡節《論語集說》引劉安世言，謂「有馬者借人乘之」便是史之闕文，猶如聖人于「郭公夏五」皆存之於經者，而今則亡矣夫，故聖人歎之也。此說似較可信，然則陳濬之話解所云，殊違經意矣，即令闕疑亦可也，殊不必強爲之解，而弄巧成拙乎。

上舉二例蓋明陳氏話解之若干疏失，以示吾人宜細察此有歧義者，除此而外，大多可資參考，故述之焉。

第七章　結　論

綜合上述諸章之研究，茲將各派《論語》學之特色與貢獻做一歸納，並略加評述：

一、漢學派《論語》學之特色與貢獻

（一）闡明漢代經師遺意

漢儒有關《論語》傳注，以何晏《集解》所保存者為多，故清儒治《論語》漢學者，多以《集解》為本，更旁搜遺說以附益之，務求保存漢代經師遺意。此類著述，多以「古」名，以別於今也。如陳鱣《論語古訓》、梁廷枏《論語古解》、俞樾《論語古注擇從》、潘維城《論語古注集箋》等是。而鄭康成為漢世大儒，故清儒於《集解》之外，蒐集鄭說獨多，陳鱣《古訓》、俞樾《鄭義》，乃至輯佚學者蒐錄鄭玄《論語注》者多達十家〔註1〕，鄭說為清儒所重視程度，於此可見一斑矣！

（二）考校訓詁名物典制

訓詁名物、典章制度，固為漢學派之重要特色，而《論語》一經又頗多此類內容，正合漢學家口味，於是考證述作蠭起，或勘正文字音義，或考證典章制度，或考異文，或校謬刊，或正舊注，要皆須持之有故，言之成理，乃能服人。其中以〈鄉黨〉篇之考證，最稱專門，蓋鄉黨多言禮制也，江永《鄉黨圖考》啓其先河，金鶚《鄉黨正義》及王漸鴻《鄉黨圖考補正》為之訂補，誠所謂前修未密，後出轉精也。而劉寶楠父子《論語正義》堪稱其集大成者矣！然此類著述雖以廣博誇美，卻易流於瑣碎，《四庫提要・經部總序》云：「國初諸家，其學徵實不誣，及其弊也瑣」，可謂一語中鵠，足為後學惕之焉。

〔註1〕參第四章第四節「輯佚類」，輯傳注者。

（三）辨證孔注真偽得失

　　《論語》孔安國注之眞偽問題，歷代尚無爭議，至清儒始疑其偽〔註2〕。先有劉台拱、陳鱣、臧庸等偶論及之，繼有丁晏、沈濤二氏撰書專辨其偽。沈氏斷爲何晏所偽，然書中所持證據稍嫌牽強，又所列舉者多屬孔注之疏失，於眞偽問題卻無直接關聯；丁氏之書則取證較完備，持論亦較周密，又得王引之、劉文淇、劉寶楠諸儒之認可，故其斷爲王肅所偽，較足采信。果其說爲確，則不啻千古之盛事，亦清代《論語》學之一大貢獻也。

（四）釐清舊說篇第疑義

　　《論語》各篇之定名，以及各篇排列次第，是否具有意義，本無待言之。唯自陸德明《經典釋文》於「爲政第二」下云：「先學而後從政，故〈爲政〉次〈學而〉也。」〔註3〕其後皇侃疏乃推演之，遂於各篇之命名及次第多所附會〔註4〕，邢昺疏亦襲皇疏之說，於是《論語》之篇第問題遂承謬而不知，直至翁方綱作《論語附記》始糾其謬〔註5〕，桂文燦作《論語皇疏考證》續駁其非〔註6〕，自是《論語》篇名次第問題始復釐清，蓋當日孔門弟子記述聖言，初無一定體例，而每篇撮舉篇首二字，亦非有意義次第也，疑義釐清應歸功於翁、桂二氏。

（五）輯錄漢魏亡佚舊說

　　輯佚學實清儒於考證訓詁之外，另一大收獲也。漢魏諸家舊說因何晏《集解》盛行，致使原注亡佚，幸賴清儒輯佚之功，使鄭玄、孔安國、馬融、包咸、周氏、周生烈、陳群、王肅等八家原注，得稍見其貌。此外，王弼、江熙、孫綽、欒肇、郭象等魏晉齊梁諸儒所有《論語》傳說，均賴彼輯佚之功而重見一二〔註7〕，此亦清代《論語》學之大貢獻也。

（六）發揚西漢今文學說

　　兩漢經學有所謂今古文之爭者，前漢多主今文說，而以《春秋公羊》學爲宗。後漢說經則多采古文說〔註8〕。清世雖盛行考證之風，然其中有所謂「常州學派」

〔註2〕清儒中唯翁方綱氏仍持舊說，主孔注非偽，然未有詳論也，詳見第六章注。

〔註3〕陸氏《論語音義》於篇名之下僅〈學而〉、〈爲政〉、〈里仁〉三篇有注，其餘十七篇均無所說。

〔註4〕詳見第四章第三節《桂文燦論語皇疏考》。

〔註5〕見翁方綱《論語附記》卷上頁五，藝文印書館《無求備齋論語集成》第二十一函，及本文第六章《翁方綱論語附記》。

〔註6〕見同注4。

〔註7〕見同注1。

〔註8〕詳參李威熊《經學發展史論》（上）第四章「兩漢經術獨尊與經學諸問題的探討」。

者，卻獨宗《春秋公羊》，發揚今文學說，因以《公羊》說而治《論語》，劉逢祿、宋翔鳳即其代表也。然此類著述多失之穿鑿，刻意附會，非說經之善途，亦難使後人信服也，是以其說終難發揚光大焉。

二、宋學派《論語》學之特色與貢獻

（一）闡揚《集注》，匡正時弊

宋學派著述多以程朱思想爲所宗，故書中對於程朱學說皆推崇備至，所論者亦大多闡揚《集注》未盡之意。然元明清三朝，以經義取士，四書垂之功令，一以《集注》爲依，凡有背注者皆黜弗錄，沿習既久，逐末忘本，以聖賢明道教人之書給取利祿而罔聞於行，遂使時文講章大行其道。《四庫提要·經部·四書類存目》云：「蓋講章之作，沽名者十不及一，射利者十恆逾九，一變其面貌則必一獲其贏餘，一改其姓名則必一趨其新異。故事同幻化，百出不窮，取其書而觀之，實不過陳因舊本，增損條例，即別標一書目，別題一撰人而已。」講章之弊於斯極矣！高識之士既洞其弊，乃思有以矯之，如劉開《論語補注》、王肇晉《論語經正錄》，皆極力闡揚《集注》精神，勉爲聖賢明道計，勿受科舉利祿所蔽也，其恢弘聖學之功，不可沒焉！

（二）發明義理，歸本心性

義理之學雖於宋明時期大盛，而物極必反，學術亦然；衍至明末，竟流於束書不觀，游談無根。清儒懲其弊，故標訓詁考證之實以矯其空談心性之疏，漢學因以昌明。然而不免矯枉過正，其未達者乃痛詆宋學，一味排斥。復以治漢學者專務訓詁考證，支離泛濫，另一弊又生矣！其弊乃在於考證文字音義、典章名物，或可演述至千萬言，然於身心性命了無關聯，此亦宋學派儒者所引爲憂也，故發於著述者，皆必引之身心之間，而證以當世之務，務求其有益於己，不鑽死於字句下也。此類著述可以牛運震《論語隨筆》及秦東來《論語贅解》爲代表。聖人之言論本當驗之於身心，付之於言行，此固夫子於《論語》書中，不厭反復教誨者也，學者或蔽於利祿，或溺於考證，而置義理於罔聞，棄心性於不顧，專馳逐於身心之外，既已舍本逐末，聖學焉能昌明？是故在考證盛風下，幸賴義理派學者力挽其流，方能稍拯其緒於不墜，實此輩之功也。

（三）以經解經，融貫聖言

漢學派治經，專講訓詁考證，故以廣博爲務；宋學派以義理爲主，故要在守約。「博之以文，約之以禮」，夫子嘗明言矣！然則守約之道，貴在貫通，夫子不曰「吾道一以貫之」乎？蓋《論語》之書，孔門弟子記述聖言，初無一定體例，亦無明顯

脈絡，故須融貫聖言，以探其義理旨趣，則庶幾有得也。倘專務碎義，迷而不返，若是豈能有得於微言大義乎？此固漢宋二派所經營者不同也。至於如何融貫聖言，清儒固有善方也，其法曰「以經解經」，如是而已。或以本經相釋，或引他經爲證，要之皆「以聖人之書，證聖人之言」，不逞私見，亦不須炫博，但求能融貫聖言，以期獲見微言大義，斯爲貴也。此類著述可以李光地《讀論語箚記》爲代表。子貢曰：「夫子之言性與天道，不可得而聞也。」（〈公冶〉篇）夫子亦云：「予欲無言」（〈陽貨〉篇），皆示後人以微言大義者也。宋學派儒者貴在能守其約，歸於身心；唯不免有末流者，專逞私見，空談誤人者，斯又不足爲訓矣！

三、漢宋兼采派《論語》學之特色與貢獻

前述漢學派與宋學派之《論語》學，均各擅其特色並發揮其貢獻，至於漢宋兼采派，則並采二派之所長，互補其所短，故亦兼具二派之特色也。世謂漢儒專攻訓詁，宋儒偏主義理，遂以此相攻而門戶立焉，其實漢儒於義理亦有精勝處，宋儒於訓詁未必無可取也。翁方綱氏云：「嘗謂考訂訓詁，始能究義理，顧謂聖人之道必由典制名物得之則不盡然。」（《清儒學案》卷九十）翁氏溝通漢宋，調停二派之爭，其功亦偉矣！至於《論語》學著述，漢學派以何晏《集解》爲代表，宋學派以朱子《集注》爲代表，而兼采派則並取二家之說以溝通之，此以黃式三《論語後案》爲典型也，黃氏《後案》但略說耳，其弟子胡翽根據師說更推闡之，成《明明子論語集解義疏》，說之更詳矣！二氏著述可爲此派之代表，而此派最大之貢獻乃在於合漢宋而貫通之，使空疏者不至墨守講章，高明者不敢輕相詬病，於學術士風實有大益焉。

清代《論語》學之特色與貢獻，已備述如上。總而言之，漢學派《論語》學者，以考證訓詁而成其功；宋學派《論語》學者，以研精義理而擅其長；兼采派學者遂能取精用宏，截長補短，兩無憾焉。學者誠能一秉清儒既有成果而發揚光大之，則往上可進窺經學堂奧，往下亦可開啓經學新扉矣！

附　錄

國立編譯館四書編審會《四書註解存目及存書目錄》四書類清代部分（※符號
爲存書，係指該會已收集之書或複印本）

※刁　包：《四書翊注》

※丁　晏：《論孟集註附考》

丁　澍：《四書稽古冊》

丁大椿：《四書擇言》

丁守存：《四書虛字講義》

※丁酉新：《四書味根錄》

※丁愷曾：《說書偶筆》

于光華：《心簡書屋四書句讀辨》

于光華：《心簡書屋四書集註緩讀辨》

于光華：《文照堂四書字音辨》

于光華：《裹如堂四書字體辨》

于光華：《陳瑤賓四書字跡核》

于英本：《四書訓蒙瑣言》

※尹會一：《健餘先生讀書筆記》

毛念得：《四書想》

※毛奇齡：《逸講箋》

※毛奇齡：《四書索解》

※毛奇齡：《四書賸言》四卷補二卷

※毛奇齡：《聖門釋非錄》

※毛奇齡：《四書改錯》

毛奇齡：《四書正事略》七卷附錄一卷

毛奇齡：《西河四書解》

方大淳：《四書通義》

※方宗誠：《讀論孟筆記》三卷補記二卷

方祖範：《四書解瑣言》四卷補編一卷

※方粲如：《論孟考典》

方粲如：《集虛齋四書口義》

毛　功：《江漢書院講義》

王　伊：《四書論》

王　佶：《四書參證》

王　桂：《四書燕說》

※王　掞：《四書朱注發明》

王　掞：《呂陸四書釋注》

王植輯錄：《四書參註詮理》

※王　筠：《四書說略》四卷附教童子法一卷

王澍撰，于光華編：《四書集益》

※王　塋：《四書地理考》

王　塋：《四書人表》

王　塋：《四書漢宋儒說求》

※王　緯：《消暑錄》

王　鉄：《四書繹註》

王　鑄：《天賞樓四書繹義》

王　鑫：《四書通義》

王大經：《四書逢源錄》

方　舟：《方百川先生經義》

※王士濂：《四書集釋就正稿》

※王士濂：《四書集註考證》

　王文烜：《殖學齋四書大全》

※王夫之：《四書訓義》

※王夫之：《四書稗疏》

※王夫之：《四書箋解》

※王夫之：《讀四書大全說》

※王夫之：《四書考異》

　王元啓：《四書講義》

　王式丹：《四書直音》

※王汝謙：《四書紀悟十四卷附孟子論文二卷》

※王有宗、施崇恩：《圖書四書白話解》

　王吉相：《四書心解》

※王步青、輯王士蘁編：《朱子四書本義匯》

　王巡泰：《四書箚記》

　王廷植：《四書疑言》

　王其華：《四書衷要補辨》

　王致聰：《四書補遺正誤》

※王國瑚：《四書窮鈔》

※王復禮：《四書正誤》

　王復禮：《四書集註補》

　王道然：《四書圖說》

　王遂升：《四書去疑》

　王鳴昌：《四書難題問答》

　王鳳威：《四書經傳典考》

　王餘英：《四書求是》

※王虞言：《四書釋文》

　王履昌：《四書原旨》

　王錫命：《四書所見錄》

　王檢心：《四書存眞》

　王鴻衢：《增批四書反身錄》

※牛運震：《學庸論語改正本》

※甘　紱：《四書類典賦》

　司天開：《四書彙解》

　冉覲祖：《四書玩詳說》

※左欽敏：《論語孟子類編》八十卷附異文箋

　王士陵：《四書纂言》

　丘拙叟口授：《四書講義》

※平　恕：《四書是訓》

　可震騰：《四書摘萃》

※史以徵：《四書彙解》

　安維峻：《四書講義》

　竹磎氏：《四書要典考》

　向　璿：《四書記疑》

　艾與時等：《四書朱子詳說》

※任時懋：《四書自課錄》

※任啓運：《四書約旨》

　江　永：《四書典林》

※江　永：《四書古人典林》

※江　永：《四書按稿》

　江　瀚：《論孟卮言》

※江爲龍、葉涵雲編：《朱子四書圖》

※朱軾奉敕撰：《駁呂留良四書講義》

　朱　鍾：《四書集註繹義雪疑》

　朱用純：《四書講義》

　朱良玉：《增訂四書貫解》

※朱良玉：《四書朱子大全經傳蘊萃》

　朱奇生：《四書發註》

　朱振采：《四書釋地》

　朱曾武：《四書字義說略》

　朱澤雲：《四書學旨》

　朱駿聲：《論孟懸解》

　朱駿聲：《論孟紀年》

　朱駿聲：《四書塙解》

　朱應麟：《四書集解》

　余一元：《潛滄四書解》

※邢　淳：《四書通解》

　杜　炳：《四書圖考》

　杜靜臺：《四書筆記》

狄子奇：《四書質疑》
狄子奇：《四書釋地辨疑》
余　垣：《古今斛詁》
宋　鏊：《四書分辨詳解》
※宋翔鳳：《四書纂言》
※宋翔鳳：《四書古今訓釋》
※宋翔鳳：《四書釋地辨證》
※宋繼澄：《四書正義》
※宋繼橦：《四書經史摘證》
　呂　功：《讀學庸二論及談》二卷讀孟皮談二卷
　呂官山、鈕傳：《四書典故人物圖考鈕》
※呂留良撰，周在延輯：《天蓋樓四書語錄周在
　　　　　　　　　延輯》
　呂留良：《四書講義》
　呂留良：《晚邨懟書》
　呂留良：《四書語類鈔》
※呂留良撰，車豐鼎編：《呂氏評語》
※呂留良批語，黃身先編：《四書題說》
※何　焯：《讀四書記》
　題何焯手訂：《四書釋文》
　何　礪：《四書補注》
※何文綺：《四書講義》
　何如瀦：《四書講義自得錄》十卷續十卷
　沈　珩：《集註精義學庸或問纂大全撮要》
　沈　起：《四書慎思錄》
　沈　渭：《四書正字彙》
　沈　崔：《四書教子元魁》
　沈　磊：《四書大成》
　沈文尌：《四書守約》
※沈祖燕：《四書合纂大成》
※沈濟燾：《四書就正錄》
※汪份輯：《四書大全》
　汪　份：《四書大全辯》
　汪　份：《四書人物聚考圖解》
　汪　佑：《四書講錄》

汪　佑：《四書闡要》
汪　陞：《四書辨訛》
※汪　紱：《四書銓義》
汪大任：《語孟疏註辨異》
汪大任：《四書疏註通纂》
汪在中：《四書地記》
汪節安：《四書正體校定字音》
汪德鉞：《論語大學偶記》
汪鯉翔：《四書題鏡》
吳　光：《論孟合參》
吳　定：《四書集疑》
吳　直：《四書雜辨》
吳　英：《四書家塾讀本句讀》
吳　英：《四書章句集註定本》
※吳　荃：《四書正解》
吳　雲：《四書旨》
吳元行：《四書詳解》
吳元音：《四書宗朱明辨大全》
吳汝綸：《四書評點》
吳志忠：《四書章句集註附考》
※吳昌宗：《四書經註集證》
吳國濂：《四書質疑》
吳敏樹：《論語大學中庸考異別鈔》
吳無障：《吳會元四書問答》
吳楚椿：《四書會通》
吳鼎科：《四書考正譌》
吳鼎科：《四書鄉黨考》
吳嘉賓：《四書說》
李　炳：《四書誅茅》
李　會：《四書雪光錄》
※李　顒：《四書反身錄》
李又冉：《增訂四書大全摘要》
李士璜：《四書要諦》
李元春：《四書簡題》
李元春：《四書文法述聞》

李中培：《朱子不廢古訓說》十六卷附

李中培：《朱注引用文獻考略》四卷

李允升：《四書證疑》八卷論語補遺二卷

李文炤：《四書詳說》

李曰淼：《四書錄》

李曰淼：《四書筆語》

※李光地：《讀論孟劄記》

※李光地：《四書解義》

※李光地：《榕村語錄》

※李光地：《四書餘論記》

李仲照：《四書億》

李因篤：《四書五刪》

李求齡：《四書講義日孜錄》

※李沛霖：《四書諸儒輯要》

李沛霖、李　禎：《四書朱子異同條辨》

李宗澳：《四書摘解》

李祖惠：《虹舟講義》

李貞菴：《四書達說》

李敘元：《四書統宗》

李兆恆、李岱雲：《四書朱子異同條辨》

李棠階：《四書約解》

李滋然：《四書朱子集註古義箋》

李詒經：《四書蠹簡》

李道南：《四書集說》

李嵩崙：《四書讀》

李福臧：《四書述言》

李楊辛：《四書備檢》

※李榮陛：《四書解細論》

李毓秀：《四書字類釋義》

李夢箕：《四書訓蒙》

李錫書：《四書臆說》

李錫書：《四書辨誤》一卷辨異一卷

李錫書：《四書大成直講》

※李戴禮：《四書彙通》

呂崇謐：《去傲齋四書存》

呂調陽：《論孟疑義》

宗稷辰：《四書體味錄殘稿論語》

邱韓佇：《晴窗隨筆四書講義》

卓翼亭：《四書說》

邵　懿：《四書酌》

邵嗣堯：《四書初學易知解》

※林文竹：《四書書貫珠講義》

※林春溥：《四書拾遺》

※林慶炳：《四書注解撮要》

金　松：《四書講》

金始聲：《四書剖解》

※金輝鼎撰，金柄等編：《四書述》

※金學詩：《四書扈言》

周　幹：《四子書說約》

周　鏞：《四書遵朱求是錄》三卷求是補

周　鏞：《四書考辨》

※周大璋：《四書朱子大全精言》

※周心屺：《四書斷》

周用齋：《四書主意》

周在延編：《朱子四書語類》

周亦魯：《四書述朱大全》

※周柄中：《四書典故辨正》二十卷附錄一卷

周柄中：《四書典故辨正續編》

周振業：《周右序先生四書節解》

周夢顏：《質孔說》

周勳懋：《四書考異疏證》

※周龍官：《四書左國輯要》

紀克揚：《麗奇軒四書講義》

※段諤廷：《四書字詁》

※侯廷銓：《四書彙辨》十八卷續二卷補二卷

施　璜：《四書釋註》

施彥士：《四書古人新得編》

姜　垚：《四書別解》

※姜可久：《四書人物輯略》

※俞　樾：《四書辨疑辨》

俞廷鑣：《四書評本》

※俞長城、焦袁熹、戴有祺注：《校刊增注四書
　便蒙》

俞時懋：《四書典故聚覽》

洪　氏：《四書說約》

洪垣星：《四書繹註》

洪星垣纂、張承露參訂：《四書續註覽要》

姚士鴻：《四書古韻眞文》

※姚文田：《四書瑣語》

姚文田：《四子義》

姚思贊：《考正四書音讀》

姚思贊：《審定四書句讀》

姚惟寅：《四書記》

※姚凱元：《論語校議殘未》一卷孟子校議四卷

姚道輝：《四書經義考辨瀋存》

※范翔參訂：《四書體註》

范士增：《周易解四書》

范士增：《四書互解》

范士增：《尚書解四書》

范士增：《禮記解四書》

范士增：《詩經解四書》

范家相：《四書貫約》

范爾梅：《四書札記》

范震薇：《四書述》

范凝鼎：《四書句釋義》

胡　方：《四子書注》

胡　垣：《四書通敘次》一卷通疑似一卷

胡　掄：《四書典制彙編》

胡　渭：《四書近是》

※胡士佺、陳　潤：《四書體朱正宗約解》

胡之煜等校刊：《四書人名考》

胡在用：《四書說註厄詞》

胡承福：《四書大全審問錄》

胡具慶：《四書惕中錄》

※胡紹勳：《四書拾義》五卷續一卷

胡清煦：《四書注說參證》

胡統虞：《成均四書講錄》

胡斐才：《四書撮言》

※胡斐才：《四書注疏撮言大全》

胡澤順：《四書一得錄》二卷孔顏曾孟生卒年
　　　　月表一卷孟子年譜一卷

黨　瀛：《四書講義參眞》

祕丕笈：《四書鈔》

※耿　埰：《四書讀註提耳》

倪偉人：《四書疑句輯解》

恭　豐：《四書會解》

※殷祁雷：《四書條說》

桂含章：《四書益智錄》

郝寧愚：《四書說》

郝懿行：《四書補註》

祝文彥：《四書正旨通解》

祝雲書：《讀書紀略》

夏力恕：《茉根堂箚記》

夏錫疇：《四書爲學指南》

浦泰撰、華希閔批：《四書闡注》

浦泰撰、黃培芳批校：《四書闡注》

翁　復：《四書遵註合講》

翁我愚：《四書讀本》

唐　良：《四書論源》

唐　達：《四書臆解》

唐文獻：《四書文林準意》

※唐虁光：《四書通典備考》

※秦士顯：《四書答問》

秦篤輝：《經學質疑錄》

高吟批點：《批點四書讀本》

高心伯：《四書議略》

※高其名、鄭師成編：《四書左國彙纂》

※高其閟：《四書琳琅冰鑑》

袁　棟：《四書補音》

袁　謙：《四書譌字正》

袁之升：《四書平語》

袁秉亮：《四書條辨》

馬徵麐：《四書世次通譜》

孫　淦：《四書醒義》

※孫　瑢：《四書緒言》

孫毅、孫毅：《楚雨孫子四書制義》

孫　爌：《四書餘說》

孫　勳：《四書所見偶鈔》

孫在豐：《四書講義》

※孫奇逢：《四書近指》

孫奇逢：《晚年批定四書近指》

孫國仁：《四書古語錄證》

孫景烈：《四書講義》

孫經世：《四書集解》

孫錫疇：《四書貫解》

※孫應科：《四書說苑》十一卷補遺一卷續遺一卷

孫見龍：《五華纂訂四書大全》

孫繩武：《四書衷是》

※徐　壽：《四書私談》

徐　根：《四書集說》

徐燦、袁終彩輯：《四書要達》

※徐天璋箋、徐浚仁疏：《四書箋疑疏證》

徐世沐：《四書惜陰錄》

徐杏林：《四書古人紀年》

徐廷珍：《四書精要錄》

徐時棟：《四書毛說駁正》

徐紹楨：《四書質疑》

徐壽基：《四書聯璧》

※凌　曙：《四書典故》

凌　曙：《四書集說》

凌揚藻：《四書紀疑錄》

桂文燦：《四書集注箋》

※常　增：《四書緯》

梅　巖：《集成四書說貫》

國之蒲：《四書中解》

崔曼亭：《四書類考》

崔蔚林：《四書講義》

※戚學標：《四書偶談內編》一卷外編一卷

戚學標：《四書續談內編》一卷補一卷

朗　昀：《四書宗法》

莊存與：《四書說》

梁　彣：《四書題說》

梁　毅：《四書講義》

梁紹獻：《四書集解》

章守待：《四書聯珠》

章鶴鳴、邵錫蔭：《合刻周易四書說約要解》

郭善鄰：《說四書》

郭翹楚：《四書審問》

許胥臣：《四書人物考訂補》

許桂林：《四書因問》

※許泰文纂輯：《四書大全學知錄》三十三卷字畫辨訛一卷

許寶善：《批點四書讀本》

曹　林：《山公四書集注補》

曹　儐：《四書詳說》

曹　償：《四書詳說續編》

※曹之升：《四書摭餘說》

曹之升：《四書摭餘說續編》

曹鳳熹：《四書質疑》

曹學賜：《四書會典家訓》

曹續祖：《四書遵註綱領》

陶　成：《四書講習錄》

陶及申：《四書博徵》

※陶起庠：《四書集說》四十一卷補義七卷續考四卷

陸文籀：《四書經典通考》

※陸世儀：《四書講義輯存》

※陸思誠：《陸批四書》

※陸隴其：《松陽講義》

※陸隴其：《四書講義困勉錄》三十七卷附錄一卷續錄六卷

※陸隴其：《三魚堂四書講義》

陸隴其：《四書講義遺編》
※陸隴其：《三魚堂四書大全》
陳　梓：《四書質疑》
陳　琯：《四書人鑑》
陳　詩：《四書類考》
陳　詵：《四書述》
陳　綽：《四書錄疑》
陳　鋐：《四書就正錄》
陳　鋐：《四書晰疑》
※陳　鏦：《朱子文集纂》
陳　鱣：《四書疏記》
陳九齡：《四書發明》
陳元吉：《四書古今異義備覽》
陳元燮輯定、徐方廣增注：《朱子四書或問小註》
陳世倌：《四書述》
※陳宏謀：《四書考輯要》
陳廷策：《四書遺義》
陳沖谷：《四書講義》
陳其美：《四書講義攀龍集》
※陳景惇輯：《四書繹》
※陳景蕃：《四書注疏輯略》三卷補十卷
陳愚谷：《四書類考》
陳飄雲：《四書愼從編》
※張　江：《三訂四書辨疑稿》二十二卷補稿一卷拾遺五卷樂器篇五卷
張　江：《三訂四書辨疑》
張　岱：《四書遇》
張廉輯：《四書經傳圖表衷一》
張　瑛：《論孟書法》二卷附讀四書一卷
張　椿：《四書辨證》
張九達：《四書尊注會意解》
※張九儀：《四書旁訓》
張汝英：《四書參》
張廷玉、朱錫旂編訂：《重訂四書大全》
張秉直：《四書集疏附正》
※張定鋆：《四書訓解參證》十二卷補遺四卷續補編四卷
張金鏡、張高、張銓衡同輯：《四書說約大全合參》
張眉大：《論孟考略》
張恩蔚：《大學中庸論語闡要》
張惠言等：《四書釋故》
※張甄陶：《四書翼註論文》
張楚鍾：《四書理話》
張楚鍾：《四書理畫》
張鳳翔：《四書黏》
※張鳳藻：《四書插注》
張履祥等：《四書朱子語類摘鈔》
※張槿時：《四書合參析疑》
張慶源：《隨課解題》
※張謙宜：《四書廣註》
費世奇：《四書講義》
閔嗣同：《四書貫一解》
游立軒：《四書說筌》
勞潼編：《四書擇粹》
勞之辨：《四書大小題》
華玉文：《四書朱註原解》
華希閔：《性理四書註釋》
傅以漸：《貞固齋書義》
馮世瀛：《畊餘瑣錄》
單爲鏓：《四書鄉音辨譌》
單爲鏓：《四書述義》五卷續四卷
彭　軏：《四書講義持衡》
彭世祿：《四書梅林臆見》
曾　釗：《校正四書逸箋》
曾力行：《翼朱古四書蒙求》
曾楚卿：《四書綱目》
湯　鵬：《四書藝》
湯本衍：《四書液》
湯其仁：《四書切問》

※湯傳榘：《四書明儒大全精義》

　湯傳榘：《四書精義或問大全集說合參》

　湯豫誠：《四書困學編》

　焦　循：《四書典故備覽》

※焦袁熹：《此木軒四書說》

　焦袁熹：《此木軒四書注疏》

　焦袁熹：《雜說》

※程大中：《四書逸箋》

　程天霖：《四書鏡》

　程德調：《我疑錄》

※黃　越：《四書或問語類大全合訂》

※黃　瑞：《四書會要錄》

※黃　瑞：《家塾四書講義錄》

　黃　鶴：《四書異同商》

　黃之弟：《四書真解》

　黃之晉：《四書說臠》

　黃甲雲：《四書文字義》

※黃昌衢：《四書述朱》

　黃起有：《四書綱鑑》

※黃梅峰：《四書解疑》

　黃景昉：《四書宜照解》

　黃會稽：《四書發明》

　黃爵滋：《四書義》

※喇沙里等奉敕撰：《日講四書解義》

※虞景璜：《四書瑣言》

　萬人望：《四書朱子大全統義》

　葉廷琯：《四書辨釋備考》

　葉秉純：《四書徵引錄》

　賈　璇：《四書筆記》

　賈聲槐：《思辨錄》

　鄒　岳：《音韻合註四書》

※鄒鳳池、陳作梅：《四書隨見錄》

※董　喆等：《四書大全彙正備解》

　楊　昕：《四書不二音釋》

　楊一崑：《四書教子尊經求通錄》

　楊大受：《四書切近錄》

※楊文會：《論語發隱》一卷孟子發隱一卷

　楊玉緒：《四書述要》

　楊丕復：《朱子四書纂要》

　楊立先：《近文堂四書離句》

※楊名時：《四書劄記》

　楊名時：《辟雍講義》

　楊守敬：《四書識小錄》

※楊希閔：《四書改錯平》

　楊廷芝：《四書遵朱會通》

　楊恩壽：《四書對聯》

　楊興川：《四書辨疑》

　楊樹椿：《四書隨筆》

　楊鶴芳：《增纂四書摘要》

　管同撰、甘元煥校記：《四書記聞》二卷校記
　　　　　　　　　　　　一卷

　鳳　韶：《四書補考》

　綦　灃：《四書會解》

　廖　燕：《四書私解》

※翟　灝：《四書考異總考》三十六卷條考三十
　　　　六卷

　翟灝撰武億錄：《四書考異》

※趙　佑：《四書溫故錄》

　趙　銘：《四書疑問》

※趙　翼：《四書別解》

　趙大鏞：《四書集註管窺》

　趙大鏞：《論孟考證輯要》

　趙克溫：《四書體要》

　趙泰甡：《金華四先生四書正學淵源》

　趙敬襄：《四書圖表就正》

※趙敬襄：《四書集注引用姓氏考》

　趙鳴陽：《四書丹白》

※趙鳴詔：《四書參解》

　褚寅亮：《四書自課錄》

※臧志仁：《四書人物類典串珠》

臧廷鑑：《四書彙考刪》

※鄧柱瀾：《四書引解》

鄧逢光：《四書要旨》

鄧顯鵾：《四書鈔》

蔣台梅：《四書講義童子問》

※蔣如馨：《四書訂疑》

蔣恆煜：《四書注疏摘讀》

蔣鳴玉：《四書舌存》

※蔡方炳：《五車樓五訂四書纂序說約》

潘克溥：《四書備考》

潘思榘：《鼇峰講義》

潘德輿：《四書義試帖》

潘興祚：《四書章句集註補》

鄭方坤：《四書稗》

蔡方炳：《四書說約集註》

※鄭仁鐀：《四書或問小註》

鄭兆元：《四書考略》

鄭德玢：《四書解悟錄》

※鄭獻甫：《四書翼注論文》

劉沅：《四書頓解》

※劉沅：《四書恆解》

※劉琴：《四書順義解》

劉謙：《四書朱傳綱目》

劉自潔：《四書述訓》

劉式潤：《正蒙四書》

劉所說：《四書尋眞》

劉原淥：《四書補註》

劉原淥：《或問補註》

劉書年：《四書集字》

劉泰瀾：《四書詳說》

※劉逢祿：《四書是訓》

劉紹攽：《四書凝道錄》

劉啓發：《四書或問考異》

劉曾海：《四書存參》

※劉葆眞：《四書易簡錄》

劉道明：《四書補注》四卷附考正古本大學一卷

※劉維翰：《四書文法摘要》

※劉慶觀：《四書讀本辨義》

※劉豫師：《劉氏家塾四書解》

劉寶楠：《論孟集注附考》

※駱培：《四書襯》

※衛蒿：《四書答問》

錢祖亮：《沁香書屋制藝》

閻其淵：《四書典制類聯音註》

※閻若璩：《四書釋地》一卷續一卷又二卷

閻若璩撰樊廷枚校補：《四書釋地補》一卷續
補一卷又續補一卷三
續補一卷

諸世器：《四書古訓》

龍御：《一六山房四書大全合璧》

龍登波：《四書日記續》

薛鳳祚：《聖學心傳》

薛嘉穎：《四書精華》

應撝謙：《論孟拾遺》

※點鐵齋主人：《四書典類淵海》

蕭正發：《翼藝典略》

※蕭良榦：《拙齋學測》

蕭榕年：《四書引左彙解》

繆艮：《四書對語》

繆伯昇：《四書大意》

韓濬：《大中遵注集解三續》二卷

謝震：《四書小箋》

※謝廷龍：《四書勸學錄》

謝濟世：《四書經學考》

※儲欣：《儲批四書集註》

瞿門堥：《四書章次串聯》

顏元：《四書正誤》

顏光猷：《闕里顏人史眞稿》

顏茂猷：《四書五經講宗》

戴清：《四書典故考辨》

戴　鉉：《四書講義尊聞錄》

戴大昌：《補餘堂四書問答》

戴大昌：《駁毛西河四書改錯》

戴名世：《四書朱子大全》

魏　源：《古微堂四書》

魏一鼇：《四書偶錄》

魏荔彤：《四書通解》

魏裔介：《朱子四書全義》

魏裔介：《四書大全纂要》

魏裔介：《四書精義彙解》

魏裔介：《四書簡捷解》

羅澤南：《羅忠節公四書義》

藍大鴻：《四書講義》

題藥師琉璃光王佛：《四書新人眼目》

譚光烈：《四書蠡言》

譚藹元：《四書三餘錄》

蘇秉國：《四書求是》

寶容遂：《纂註四書闡義》

嚴可均：《毛氏四書改錯改》

嚴可均：《四書因論》

嚴可均：《四書釋故》

※顧天健：《四書一貫講》

顧陳垿：《讀四書偶見》

龔元玠：《畏齋四書客難》

疊疊口授白敏樹述：《四書過庭錄》

不著撰人：《增訂四書字解》

不著撰人：《雜說》

不著撰人：《四書閒筆講義》

不著撰人：《小本四書解》

不著撰人：《四書旨講》

不著撰人：《四書便抄》

不著撰人：《四書典故》

不著撰人：《增訂批點四書集註》

不著撰人：《新刻批點四書讀本》

不著撰人：《四書解》

不著撰人：《四書經傳典考》

不著撰人：《朱集四書說次第便覽》

不著撰人：《青雲四書評書》

不著撰人：《四書摘》

不著撰人：《四書會意解》

不著撰人：《四書對》

不著撰人：《刪訂四書初學易知解》

不著撰人：《四書要語》

不著撰人：《四書典圖全考》

不著撰人：《四書合講》

不著撰人：《欽定四書圖說》

不著撰人：《四書古注群義彙解》

參考書目

1. 《十三經注疏》，新文豐出版社。
2. 《論語集解義疏》，何晏、皇侃，廣文書局。
3. 《經典釋文》（論語音義），陸德明，藝文印書館。
4. 《四書集注》，朱熹，世界書局。
5. 《皇清經解》，阮元，漢京文化公司。
6. 《皇清經解續編》，阮元，漢京文化公司。
7. 《無求備齋論語集成》，嚴靈峰，藝文印書館。
8. 《論語集釋》，程樹德，藝文印書館。
9. 《論語會箋》，徐英，正中書局。
10. 《論語導讀》，林礽乾，康橋出版公司。
11. 《經與經學》，蔣伯潛，世界書局。
12. 《十三經概論》，蔣伯潛，宏業書局。
13. 《群經述要》，高明，黎明文化公司。
14. 《今存南北朝經學遺籍考》，簡博賢，黎明文化公司。
15. 《論語古注輯考》，曾秀景，學海書局。
16. 《史記》，司馬遷，藝文印書館。
17. 《漢書》，班固，藝文印書館。
18. 《清代通史》，蕭一山，台灣商務印書館。
19. 《清史列傳》，清國史館，明文書局。
20. 《清儒學案》，徐世昌，世界書局。
21. 《清學案小識》，唐鑑，台灣商務印書館。
22. 《清代樸學大師列傳》，支偉成，岳麓書社。
23 《清儒傳略》，嚴文郁，台灣商務印書館。

24. 《經學歷史》，皮錫瑞，學海書局。

25. 《中國經學史》，馬宗霍，台灣商務印書館。

26. 《中國經學史》，本田成之，古亭書局。

27. 《中國近三百年學術史》，梁啟超，華正書局。

28. 《中國近三百年學術史》，錢穆，台灣商務印書館。

29. 《中國歷史三百題》，上海古籍出版社。

30. 《中國經學發展史論》，李威熊，文史哲出版社。

31. 《清代學術史研究》，胡楚生，學生書局。

32. 《清史稿藝文志校注》，國史館。

33. 《重修清史藝文志》，彭國棟，台灣商務印書館。

34. 《四庫全書總目提要》，紀昀，台灣商務印書館。

35. 《續修四庫提要》，台灣商務印書館。

36. 《四庫未收書目》，阮元，台灣商務印書館

37. 《清朝文獻通考》，清高宗，台灣商務印書館。

38. 《清朝續文獻通考》劉錦藻，台灣商務印書館。

39. 《經義考》，朱彝尊，中華書局。

40. 《中國歷代藝文總志》，中央圖書館。

41. 《江蘇省立國學圖書館總目》，廣文書局。

42. 《叢書子目類編》，中國學典館復館籌備處。

43. 《販書偶記》，孫殿起，漢京文化公司。

44. 《販書偶記續編》，孫殿起，漢京文化公司。

45. 《書目答問補正》，張之洞，漢京文化公司。

46. 《鄭堂讀書記》，周中孚，台灣商務印書館。

47. 《四書註解存目及存書目錄》，國立編譯館。

48. 《古籍重要目錄書籍析論》，田鳳台，黎明文化公司。

49. 《中國目錄學研究》，胡楚生，華正書局。

50. 《經學研究目錄》，林慶彰，漢學研究中心。

51. 《說文解字注》，段玉裁，黎明書局。

52. 《論語講要》，收於《李炳南老居士全集》，青蓮出版社。

53. 《清代許學考》，林明波，師大四十八碩士論文。

54. 《四書學考》，傅武光，師大六十二年碩士論文。

55. 《歷代論語著述綜錄》，王鵬凱，收於潘美月、杜潔祥主編《古典文獻研究輯刊》
初編第 18 冊，台北：花木蘭文化出版社，2005 年 12 月。

56. 《清代爾雅學》，盧國屏，政大七十六年碩士論文。

57. 〈論語稽求篇讀後〉，楊君勱，《孔孟月刊》第三卷第四期。

58. 〈論語集成總目提要〉，史墨卿，《孔孟月刊》第九卷第十期。

59. 〈論語集目〉，中央圖書館，《孔孟月刊》第十二卷第八期。

60. 〈論語學之形成〉，杜松柏，《孔孟月刊》第二十一卷第九期。

61. 〈清初經學的復興運動〉，李威熊，《孔孟月刊》第二十九卷第三、四期。

62. 〈清代學術思想引言〉，林尹，《師大學報》第七期。

63. 〈清盛世的學術工作與考據學的發展〉，杜維運，《大陸雜誌》第二十八卷第九期。

64. 〈清代漢學衡論〉，徐復觀，《大陸雜誌》第五十四卷第四期。

65. 〈劉寶楠論語正義評述〉，李紹戶，《建設月刊》第二十四卷第四、五期。

66. 〈黃式三論語後案釋例〉，李紹戶，《建設月刊》第二十四卷第十二期。

67. 〈劉逢祿論語述何析評〉，胡楚生，《中山大學第二屆清代學術研討會論文集》。